VISIONBook

"Imaginando y Viviendo una Vida
Con Gran Significado"

Gustavo A. Valenzuela

www.visionbooknow.com

VISIONBook
"Imaginando y Viviendo Una Vida con Gran Significado"
www.visionbooknow.com
D.R. © 2018 GUSTAVO A. VALENZUELA
ISBN: 978-1-7327996-0-8

ADVERTENCIA

El propósito de este libro está limitado a educar y proveer un punto de vista único basado en las experiencias de vida del autor por consecuente, el autor o la agencia publicitaria no garantiza que el lector al seguir estas técnicas, ideas, conceptos o sugerencias logrará ser exitoso. El autor y la agencia publicitaria están exentos de cualquier responsabilidad al lector con respecto a cualquier daño o perdida causada directa o indirectamente por la información o el contenido de este libro.

Cualquier información médica o de salud mencionada en este libro es incluida como un recurso informativo y jamás debe ser considerada o usada como un diagnostico o tratamiento. La información no representa o deberá ser considerada educación a cualquier paciente y al leer el lector el contenido de este libro no se crea una relación de paciente y medico profesional por consecuente no debe ser usada como un diagnostico o tratamiento médico.

Editado y Publicado Por:
La Cocina Mágica PC
Phoenix AZ, US

Índice

Para mis hijos *Mateo y Natalia* con la intención que se unan con una *Visión Poderosa* y vivan una vida con gran significado.

PREFACIO

VISON*Book* es una herramienta poderosa que te inspira a tener una visión llena de ingredientes esenciales para vivir una vida con gran significado. Este libro está escrito intuitivamente y con imaginación para unirte con la persona auténtica que eras a tus cinco años de edad y a la vez para conectarte con la persona poderosa que vive en ti hoy día la cual relucirá al descifrar tu propósito de vida.

Cada capítulo está complementado con segmentos y ejemplos prácticos de vida para que logres crear una visión con gran significado la cual te mantendrá energizado a través de todo tu camino por la vida. Definitivamente, este es un libro que mereces compartir con tus familiares y amigos ya que el contenido y mensaje logrará despertarte y te inspirará el deseo de compartir tus pensamientos, sentimientos y tu despertar con otros lectores.

Gustavo A. Valenzuela es un verdadero visionario, talentoso arquitecto y manejador de proyectos y un astuto e ingenioso comunicador. Recientemente compartimos una plática sobre la importancia de compartir su mensaje y reconozco que merece crédito por haber estado de acuerdo conmigo y haber tomado la decisión de escribir este libro. Te aseguro que este libro tiene un mensaje importante para ti el cual lograras descifrarlo en cuantos empieces a leer los diversos capítulos.

VISIONBook está escrito combinando corazón, mente y alma y te resultará fácil navegar la diversa información en cada tema. Al finalizarlo, podrás conectar con tus súper poderes para así crecer tu visión a nuevos niveles al elegir sabiamente tener propósitos con gran significado detrás de cada una de tus acciones.

Raymond Aaron
Autor de *"Best Seller"* en New York Times

RECONOCIMIENTOS

Creo en la idea que estando aún en el paraíso tomado de la mano y en compañía de Dios elegí sabiamente a mis padres y hermanos antes de tomar la decisión de llegar a este mundo para vivir una vida con un gran significado. Este concepto es mi verdad y mi realidad por eso vivo agradecido por haber elegido a una madre y a un padre los cuales me han apoyado y complementado en todos las formas posibles. Mi madre **Irene** y mi Padre **Oscar** a pesar de sus propios retos y luchas durante las diversas etapas de sus vidas incluyendo su infancia, adolescencia y vida adulta, me han compartido su amor y me han obsequiado confianza y la habilidad de soñar en grande para conectarme con diversos valores familiares los cuales quedarán por siempre grabados en mi alma. Ustedes como mis padres, me han inspirado a creer en la vida y me han invitado a mantener la mentalidad de que *"Todo lo puedo lograr"* y hasta hoy día esta manera de ser energiza mis días de una manera significativa para mí y para toda persona que me rodea. Ustedes son y por siempre serán un gran ejemplo a seguir y por eso les agradezco hoy y por siempre el haberme rodeado con las personas correctas y en especial por protegerme con su amor y el amoroso cuidado de mi querida **Tía Lola**. Estoy convencido que nos está felizmente viendo desde el paraíso con esa feliz sonrisa que la caracterizaba. De seguro mi Tía Lola está feliz de ver que su cuidado por nuestra familia nos ha convertido a todos nosotros en personas respetables con corazones amables siempre listos para ayudar y cuidar de las personas que nos necesitan.

Estoy igualmente agradecido por haber tenido el placer de compartir mi niñez y mi adolescencia con una extraordinaria hermana la cual me cuidó, apoyo y me compartió su amor. **"Tía Anny"** tú me has ayudado y apoyado en mi misión de vida más allá de lo que tú hoy día tal vez logres comprender y por esto y mucho más te adoro con todas las fuerzas de mi alma. En gran parte, soy quien soy por quien tú has sido y quien eres en mi vida y agradezco a Dios y al Universo por tenerte como mi hermana y porque tu siempre estas dispuesta a apoyarme y formar parte de mi vida.

Elijo también reconocer a mis dos Hermanos **Oscar** y **David** los cuales siempre me protegieron y me retaron mas allá de mi poca edad y mis habilidades aparentes. Hermanos, reconozco que compartimos una hermandad que está complementada por memorias llenas de peligro también conocidas en nuestro país natal como travesuras. Me alegro al ver claramente que existe y reina el amor y cuidado en nuestra familia y reconozco que estamos realmente bendecidos con una lazo familiar inquebrantable compuesto también por mis asombrosas cuñadas **Lore** y **Luz Elena** al igual que mis súper mega divertidas y talentosas sobrinas **Ivanna, Andrea, Katya** y **Adriana** a quienes también adoro y cuido con un gran cariño y respeto.

Es con un gran AMOR autentico y admiración que agradezco a mis hermosos y bendecidos hijos **Mateo** y **Natalia** por conectarme instantáneamente con el verdadero significado de "Amor Incondicional" y por haberle puesto un grandioso, poderoso y vibrante significado a diversas palabras en el diccionario como son AMOR, Lazo, Confianza, Compromiso, Responsabilidad, Tradición, Tiempo Presente, Aventura y la más importante por el gran significado que le han dado a la palabra "Padre". Mateo y Natalia hijos míos, merecen saber que ustedes son dos hijos brillantes, artísticamente talentosos, inteligentes, amables de corazón y aún mas importante son parte vital de mi bendecida vida y es mi meta ser más como ustedes por eso trabajo honestamente en ser la mejor versión de mi. Vivo agradecido por haber conocido a Olga y reconozco humildemente que vivimos juntos momentos extraordinarios y a pesar de nuestros tiempos difíciles y de intensos retos logramos trasladarlos en momentos de gran crecimiento personal y en una oportunidad para conectar con el amor propio y la paz que anhela el alma. Agradezco por la madre responsable, consciente y amorosa que eres para nuestros hijos y reconozco tu enfoque en su rotundo bienestar. Dios te bendice siempre y así vives una vida prospera, pacífica y amorosa. Estos son mis deseos genuinos del centro de mi corazón.

Mi más sincera apreciación para todos los maestros que han marcado mi vida especialmente los de mi escuela primaria y secundaria en el Colegio Navarrete en Guaymas Sonora México por haberme enseñado la importancia de tener disciplina y por haberme impulsado a recibir una valiosa educación. Gracias y bendiciones infinitas al **Padre Álvarez** y a todos los **Maristas** por sus enseñanzas espirituales y religiosas. Es con gran alegría que recuerdo a todos mis **Compañeros de Primaria y Secundaria** del Colegio Navarrete hoy conocidos como "BEFOS" con los cuales hasta hoy día comparto un lazo de amistad con memorias de todo tipo nacidas en un ambiente de confianza y compañerismo. En especial agradezco a mi amiga **"Yayita" Aldana** por ser una amiga que sabe mantener una amistad sin importar tiempos y distancias.

Un caluroso y alegre agradecimiento a **Karen** y **James Talbot** por abrir sus corazones y las puertas de su casa en Baltimore Ohio y recibirme como estudiante de intercambio para aprender inglés mientras viví con ellos como parte de su familia junto con mis dos hermanas americanas **Marie** y **Michelle**.

Agradezco a todos los maestros de la preparatoria CBTIS en Guaymas Sonora por su tiempo, paciencia y dedicación para asegurarse que todos sus estudiantes aprendiéramos una carrera técnica y lográramos usar esta educación como una manera honesta y divertida de mejorar nuestra situación financiera. Un reconocimiento especial al Súper Maestro **"Acosta"** y a mis amigos **Ernesto Sandoval, Guillermo Gastelum** y a **Rodolfo Molina** con los que logré forjar una amistad de por vida y con los que aprendí lecciones importantes de vida mientras vivimos experiencias las cuales nos enseñaron a manejar nuestro tiempo apropiadamente para divertirnos y aprobar las materias escolares. Gracias amigos por estos años de preparatoria complementados por buenos tiempos y tremendas aventuras durante una excelente y divertida etapa de mi vida. Todos esos grandes maestros que cruzaron mi camino aun continúan apareciéndose en mi vida en varias formas y personajes especialmente **Robert Cambridge** quien me enseño lecciones valiosas de planeación y quien logró ver en mí inmediatamente una grandeza la cual opino me tomará toda mi vida reconocerla.

Un reconocimiento especial a todos los maestros del Colegio de Arquitectura de la Universidad de Arizona por ser parte de uno de mis sueños y visión de convertirme en arquitecto. Agradezco también a mis más grandes influencias en mi época Universitaria **Ben Ferguson, Kent Miyake, Christopher Gerber** y **Jonathan Hille** por permitirme estar cerca y aprender de sus talentos y su filosofía de vida. Me siento bendecido por haber reconocido y aceptado en mi vida grandes maestros y colegas a nivel universitario quienes me guiaron con su misma presencia y sus increíbles logros. También agradezco a **Luke Benoit** por haberme dotado de herramientas y conocimiento e instruirme a saber escuchar y así servir y apoyar a personas durante su viaje por la vida y convertirme en un mejor coach de vida.

Mi más sincera gratitud para **Arturo Coppola** y **Jaime de La Torre** de la firma de Arquitectos *"Esquema Architecture"* por haberme llevado de su mano y por compartirme todo su conocimiento para convertirme en un experto en planos arquitectónicos y de construcción. El conocimiento adquirido al trabajar con ustedes abrió puertas a nuevas y grandes oportunidades con otras firmas donde fui respetado y me asignaron cargos de gran responsabilidad al manejar todos los aspectos y fases de proyectos grandes y complejos durante mi experiencia en distintas firmas de arquitectos en los Estados unidos.

Reconozco también a **Andrea Forman** por permitirme expresar e implementar mis ideas al aprender todo sobre arquitectura comercial en Scottsdale Arizona. De igual forma estoy agradecido por haber conocido a **David Hunt** y **Tamara Caraway** por haber hecho equipo con ellos para trabajar en múltiples proyectos religiosos, obras públicas y Escuelas Primarias mientras trabajé con ellos como manejador de proyectos. Tammy y Dave gracias por su confianza en mis habilidades para manejar y completar exitosamente el desarrollo de varios proyectos complejos me dotó de confianza y experiencia para emprender y comenzar mi propia compañía manejando proyectos comerciales y obras publicas.

Un reconocimiento especial también a **Fernando Ochoa** por haberme otorgado la oportunidad de trabajar a su lado para aprender las disciplinas de ingeniería mecánica, sistemas hidráulicos y eléctricos. Gracias a todos los aquí mencionados por haber participado y haberme apoyado en mi viaje de aprendizaje sobre arquitectura, ingeniería y construcción.

Gracias a mi amigo **José "JB" Serrano** a quien considero como un hermano con quien he mantenido una amistad a través de los años sin importar las circunstancias que nos han dejado un sin número de anécdotas chistosas que ciertamente les contaré algún día a mis nietos. Estas experiencias fueron posibles vivirlas con un amigo como tú. Reconozco a nuestro querido hermano **Rafael** como un alma libre que inspiró varios de los segmentos de este libro. "Rafa" tu viaje por esta vida y el haber cruzado nuestro camino jamás fue en vano ya que tú continúas inspirándonos mientras tu alma juega con las estrellas en el universo. Creo fielmente que tú, mágicamente guiaste este libro para convertirse en medicina para muchas almas y me siento bendecido por haber tenido la oportunidad de haberte conocido.

Gracias a todos los que han complementado mi vida, especialmente **Hortensia** y **Lorenzo Águila** por su gran compañerismo y por siempre elegir dialogar conmigo y compartirme una amistad auténtica.

Agradezco a **Liz Dawn** de "Mishka Productions" por reunirnos a todos para "Celebrar la Vida" en un espacio con energía positiva acompañados de gente autentica con los cuales comparto los mismos intereses. En estos increíbles encuentros con gente de todas partes del mundo fui capaz de abrir mi corazón y conectar con mi propósito de vida y logre descubrir información importante acerca de VISIONBook como organización sin fines de lucro.

Reconozco abiertamente a la clase fenomenal y el poderoso equipo de **PL33** en Santa María California. Aprecio honestamente desde el centro de mi Corazón a mi **Tía Maggi, Jesús Mesa, Rosy Velasco** y **Ray Flores** porque todos ustedes fueron mis Ángeles que me cargaron en sus brazos cuando me encontraba en el suelo o de rodillas. Todos ustedes son personas muy respetables y han encontrado un lugar muy especial en mi corazón. Gracias por participar en esta admirable clase donde maestros, estudiantes y capitanes de 16 a 78 años de edad comprobamos que al reunirnos y compartir un propósito en común podemos moldear el mundo al mantenernos positivos, siendo auténticos y al crear una vida que valga la pena compartir mediante el amor, abrazos gratis y teniendo una VISION clara. Con gran cariño le doy las gracias a **Alexa** por haberme apoyado a vivir al 100%, a **Alma** por saber limpiar espacio, a **Raúl** por siempre expresar con honestidad, humildad y sin palabras y a **Emilio** por guiarnos a mantenernos unidos con gran facilidad siempre expresando amor. Fue en este mismo espacio donde nació la idea y juntos trabajamos la imagen de VISIONBook.

Mi cordial agradecimiento a **Abigail Neil** por todo su admirable apoyo al escribir un sin número de formas para lograr convertir a VISIONBook en una organización sin fines de lucro y obtener el status 501c3. Abby, eres inteligente, altamente organizada y una licenciada muy profesional.

Extiendo mi gratitud y reconozco al Distrito Escolar de Riverside en Phoenix Arizona **(RESD#2)** por trabajar unidos en equipo conmigo para completar numerosos proyectos por un periodo de 6 años. Reconocimiento especial al **Dr. Jaime Rivera, Rubén Gutiérrez, José Moreno, Rosa Sáenz** y a la mesa directiva quienes completamente creyeron y depositaron su confianza en mis habilidades para manejar proyectos al planear y desarrollar cerca de 50 millones de dólares remodelando y construyendo nuevas escuelas. Estoy realmente agradecido por haber formado parte de la visión del Distrito escolar para remodelar y construir escuelas excepcionales con el fin de educar de manera única a estudiantes de bajos recursos. Esta etapa de mi vida es de gran importancia y significado para mi Visión y mi plan ambicioso de vida. Continúo sintiéndome humildemente feliz por nuestros logros emocionales y el éxito visible en todo lo tangible que hemos logrado.

Agradezco sinceramente a **Vispi Karanjia** de la compañía "Orcutt Winslow Architects", **Bill Cox, Shawn Maurer** de la Compañía "CORE Construction" Por haber trabajado diligente y estratégicamente conmigo durante el diseño y la construcción de uno de los proyectos más grandes que he manejado personalmente. Gracias por su genuino apoyo y por ofrecer servicios excepcionales en Arquitectura, Ingeniería y Construcción para servir a las escuelas públicas en Arizona y el resto de los Estados Unidos.

Reconozco a **Nancy Solomon Gross** de "Meaningful Path" como mi consejera personal de vida. Gracias por apoyarme a descubrir quien realmente vive en mí y por conectarme con mi sabiduría interna para así continuar mi viaje por la vida de la manera que mejor sirve mis intenciones y mi visión.

Un Millón de Gracias a mi verdadero y gran amigo incondicional **Enrique "Kiki" Hernández** por apoyarme con las necesidades de identidad e impresión de VISIONBook durante nuestra campaña para servir a la comunidad en California. Tus Donaciones, apoyaron y tuvieron un impacto positivo en muchas vidas por todo el mundo. Te Declaro que tus donaciones regresen a ti 100,000 veces más para que te apoyen por todo tu viaje en esta vida. Mi sincera apreciación para **Carlos "Charlie" Borquez** por compartir su entusiasmo y energía positiva y hacer el proceso de

"Soñar en Grande" agradable y divertido durante nuestras largas platicas acerca de cómo resolver los retos financieros personales y del mundo en general. Charlie, tu eres mi amigo más feliz y eres la maquina humana más eficiente que conozco para resolver problemas y puedo ver que tu viaje ya te lleva a lugares prósperos como tú siempre lo visualizaste. Mis más sinceras gracias y apreciaciones al más talentoso de mis amigos el respetable señor **Felipe "Felipón" Ruiz** por colaborar en varias aventuras de trabajo con y sin fines de lucro. Entre tantos talentos reconozco que eres un artista brillante con talento autentico y te agradezco por apoyarme a creer en mi lado creativo. Mi más sincero agradecimiento para **Mónica y Enrique Vargas** por aceptar ser parte de nuestra familia al asumir la responsabilidad de guiar a mis hijos como sus padrinos. "Valedor" te agradezco por siempre impulsarme para alcanzar metas más elevadas y avanzar mi vida creyendo en mis talentos y mis habilidades. Gracias a todos ustedes amigos por su amistad incondicional.

Me siento agradecido más allá de lo que estas palabras aquí escritas logren expresar por haber conocido y por haber hecho equipo con **Emilio Gallegos, Leobardo Uriarte** y **Raúl Flores** quienes creyeron incondicionalmente en el poder de la influencia positiva y VISIONBook como una guía de vida. El promover y el compartir los valores de VISIONBook en las escuelas de Moreno Valley y durante las Fiestas Españolas en Santa Bárbara con ustedes tres me comprobó que estaba rodeado por lideres poderosos. Cierta y Justamente compartimos metas en común al enfocarnos en encontrar el verdadero significado y el propósito de muchas vidas mediante VISIONBook por el cual buscamos conectar a las personas con la mejor versión que vive en ellos. Gracias mis 3 amigos por creer en VISIONBook y por tomar parte en este intenso viaje.

Agradezco con amor y sinceridad a **Marcela Rivera** por verme por quien realmente soy y por apoyar devotamente mi actitud positiva hacia la vida. Mi gratitud hacia ti es tan grande como tú la sientas y mucho mas. Te doy gracias por inspirarme a vivir y experimentar el momento presente con gran fe y alegría. Gracias por leer e intercambiar tantos libros conmigo y por compartir música elocuente y por acercar a mi vida a María Salvat quien me recordó la importancia de saber perdonarme a mí mismo y así liberar creencias limitantes. Te agradezco especialmente por sugerir y apoyarme con tu tiempo y dedicación a traducir este libro al español y por creer en la importancia de que este libro y su mensaje lleguen a los países de habla hispana incluyendo a las manos de mis padres y familiares que solo hablan español. En nuestro tiempo conviviendo juntos como pareja, como familia y como compañeros de vida me has recordado y conectado con mi generosidad, mi apoyo compasivo por los demás y lo más importante me has recordado como transformar cualquier evento en mi vida en un momento gracioso y animado para aprender y avanzar mi vida con gran fe y agradecimiento. Te veo y admiro tu inmenso corazón y reconozco que compartes tu amor sin esfuerzo alguno. Eres un espíritu sabio y mi amiga del alma, es un honor y una bendición el haberte conocido a ti y a tus hermosas e inteligentes hijas **Fernanda, Camila** y **Sophia** y claro, también a mi más talentoso sobrino **"Santi"**. Gracias por ser y compartir conmigo todo lo que ustedes son.

Extiendo mi gratitud a todo el cuerpo administrativo de la **Casa de María** en Santa Bárbara California por abrir las puertas y hospedarme durante mis retiros espirituales. Muchas de las ideas y páginas escritas en este libro fueron concebidas durante mi hospedaje en "La Casa Ermitaña" donde durante mis días de silencio logré escuchar y conectar con mensajes poderosos los cuales hasta hoy día bañan mis ojos con lágrimas de gozo y alegría. Que el Amor, la salud y la prosperidad abunden en este centro espiritual y en todos los trabajadores para que su viaje por esta vida cobre un gran significado.

Agradezco de todo corazón a mis estimados y religiosos amigos **Javier Martínez** y en especial a **Javier** y **Norma Magdaleno** y su hijo **Juan Pablo** quienes siempre me recuerdan la importancia de tener fe en un Dios todo poderoso y de llevar mi vida sintiendo su amor infinito que nos entrega incondicionalmente día a día. Les agradezco queridos amigos por siempre incluirme a mí y a toda mi familia en sus devotas oraciones. Dios los bendice por siempre mis queridos amigos espirituales y religiosos.

Gracias a **Bill** y **Melinda Gates** por darnos un gran ejemplo sobre el verdadero significado de abundancia y por fundar tantos proyectos humanitarios incluyendo Academia Khan el cual es el mejor ejemplo moderno del mensaje que arroja VISIONBook. **Salman Khan** es un caso sólido que nos recuerda que al estar abierto a las oportunidades inexplicablemente se logra conectar con una visión poderosa y un gran propósito de vida.

Un reconocimiento especial y mi sincera admiración a **Don Miguel Ruiz** por el gran regalo que me entregó durante el seminario en Sedona Arizona para lograr ver mi vida de maneras muy únicas nunca antes consideradas. Gracias a **Dr. Joe Dispenza, Louise Hay, Panache Desai, T. Harv Eker y Robert Kiyosaki** por compartir su sabiduría conmigo durante todos los seminarios y eventos que todos ustedes presentaron y a las cuales cordialmente me invitaron a participar para avanzar mi vida en la dirección correcta.

Un Sincero Agradecimiento a **Beatriz Carlota** por su tiempo y apoyo en la traducción de ciertos capítulos de este libro al Español y por motivarme a traducir este libro a otros lenguajes incluyendo a Hindú. Te agradezco de corazón tu confianza y colaboración en este proyecto único de vida.

Gracias infinitas al talentoso **Raymond Aarón** por ser tan energético, directo y un gran mentor y por compartir su sabiduría con todo el mundo y en especial conmigo. Te Agradezco por invitarme a lograr este proyecto con el fin de escribir mi primer libro como parte de mi visión. Agradezco a **Cara Witvoet** por todo su apoyo y paciencia al caminar junto conmigo paso a paso para lograr este sueño personal tan importante y realizarlo en excelencia. Eres la mejor Arquitecta de libros y agradezco el haber contado con tu experiencia y apoyo para asegurarme que honraría mi compromiso de finalizar mi primer libro.

Gracias también a **Lisa Browning** por trabajar de cerca conmigo editando y formateando mi primer libro versión Ingles para cerciorar que el contendido fuera apropiadamente leído y comprendido por todo los lectores. Un reconocimiento especial a **Waqas** por compartir sus talentos artísticos y colaborar conmigo durante el diseño de las pastas para asegurarnos que el diseño final complementara el mensaje interno en este mi primer libro, VISION*Book*.

Por último, te doy las gracias a ti **Respetado Lector**, por tener este libro en tus manos y darte la oportunidad de descifrar y descubrir quien realmente vive dentro de ti. Te reconozco por hacer una decisión consciente de emprender un viaje por tu vida con gran significado y aventura para convertirte y ser tu Visión.

Capítulo 1
Empezando por el Principio

La Visión y su Origen

La palabra visión se define como "una experiencia en la cual las cosas, los eventos y personajes aparecen vívidamente y de una forma muy real en tu mente aun cuando estos eventos no están materializados." Todas tus visiones están directamente influenciadas con la manera en la que llevas y vives tu vida y son el resultado de una fuerte conexión con el mundo, el universo y lo divino. Ciertamente, todas tus visiones nacen a través de tu personalidad, tu carácter y por tu derecho nato de soñar y visualizar grandes cosas en tu vida siempre y cuando los resultados sean de un gran significado y un buen propósito. A cualquier edad y en cualquier momento, tienes la capacidad de visualizar cualquier cosa y evento en tu mente.

Pregúntale a una niña de 5 años si le gustaría ir a su nevería favorita a comprarse un delicioso helado de nieve. Inmediatamente empezará a ver imágenes vividas en su mente desde su llegada a la nevería y como entra feliz y emocionada mientras camina hacia la vitrina y observa a través del cristal todos los deliciosos sabores y los diversos tamaños de los conos. De manera automática, esta niña empieza a ver una película en su mente y se visualiza eligiendo una gigante y sabrosa bola de nieve de chocolate en su cono de azúcar mezclada con malvaviscos y chispas de chocolate. Después visualiza en su mente al empleado entregándole su delicioso helado y pronto busca una silla para sentarse a disfrutar de su postre. Esta niña de seguro se siente en el paraíso y logra mentalmente saborear su rico helado.

De la misma manera, desde muy pequeño tú has estado visualizando eventos en tu mente antes de que estos se hicieran realidad. Tener visiones es un súper poder con el que naces y el cual puedes desarrollar con el fin de convertirte en un experto imaginando cosas y situaciones en tu mente de una manera que te hagan sentir seguro y a salvo. Ya que tú eres el creador de tu historia, tus visiones merecen estar basadas en el Amor, la aventura y éxito al igual que en grandes logros. Si estas visiones te hacen sentir miedo, confía que lograrás siempre conquistar todos tus retos y llegarás a un final feliz y productivo.

La Visión de un Niño de 9 Años

A la edad de 9 años, un niño visitó con su padre dos proyectos los cuales se estaban construyendo para un negocio enfocado a la venta de madera. Uno de estos proyectos que estaba bajo construcción, era un edificio de dos niveles, en la planta alta estaban las oficinas y la planta baja se utilizaba para almacenar materiales ya que el área disponible del terreno era pequeña.

El segundo proyecto era una bodega con estructura metálica y dividida en casilleres para almacenar madera de todo tipo y surtir al mercado local, estatal e incluso a clientes en el resto del país. Este jovencito era muy reservado y por lo general solo observaba y evitaba hacerle preguntas a su padre sobre todo si se trababa de los proyectos que estaban construyendo. Ese día llegaron padre e hijo al área de construcción y el Contratista General saludó amablemente a su padre como si fuesen grandes amigos, después el contratista que era un señor alto con acento americano extendió su mano y saludó al hijo diciéndole: "Mucho gusto jovencito, Mira bien todo esto de cerca y disfruta esta visita con tu padre. Nunca sabes, pero tal vez tú algún día seas un gran constructor o mejor aún, ¡puedes convertirte en un Arquitecto experto que entienda las técnicas correctas de una construcción eficiente y rápida!"

El constructor de la obra y el padre del niño hablaron sobre el progreso mientras revisaban el proyecto. El niño estaba muy interesado en la plática de los adultos y prestó atención a todas las decisiones que se tomaron. El padre le preguntó a su hijo ¿Te gusta el proyecto? Y el niño respondió con un sencillo "Sí", aunque la pregunta del Padre solo se refería al proyecto, el niño en su respuesta incluía que le había gustado ir a visitar las obras y el ver como se podía construir algo desde cero; ante sus ojos todo aquello estaba tomando forma y ya no era un simple terreno vacío, si no un edificio en construcción.

El jovencito se sintió simple y sencillamente fascinado al visitar y ser parte de ese ambiente y observar todo lo que sucedía a su alrededor. A su temprana edad experimentó una conexión única con la construcción de edificios y quedó sorprendido al ver que el amigo de su padre contaba con el conocimiento y las herramientas necesarias para construir esos edificios que anteriormente solo eran ideas y se estaban convirtiendo realidad como respuesta a la visión de su padre. Su padre le confirmó las palabras de su amigo y le dijo: "Hijo, estoy de acuerdo con mi amigo, si te interesa estar cerca de este tipo de trabajo creo que tu serias un buen arquitecto. Me gustaría si tú también lo eliges, que estudiaras en Tucson Arizona y aprendieras las técnicas eficientes para construir edificios, en los Estados Unidos las compañías constructoras son muy eficientes y construyen muy rápido." Ese día, el niño de apenas 9 años generó en su mente imágenes sobre la idea de convertirse en un arquitecto y constructor para construir edificios eficientemente.

Estas visiones continuaron apareciendo en su mente y le permitieron sentirse muy emocionado al creer que todas sus metas se lograrían. Esas imágenes eran principalmente acerca de ser un arquitecto y construir edificios y en partes de su visión se veía caminando por la construcción con los dueños de los proyectos para mostrarles el progreso del edificio mientras charlaban y tomaban decisiones hasta completar el edificio exitosamente. Este niño al tener esa visión clara en su mente se permitió mantenerse enfocado con metas específicas y en especial con algún día llegar a ser un arquitecto y construir edificios. A medida que el tiempo pasó, se graduó de su escuela primaria, de la escuela secundaria y la preparatoria, durante todo este tiempo le prestaba atención a cualquier edificio en construcción que encontraba por su camino y visualizaba que él era parte de esos proyectos. La experiencia que se vivió con su padre, se convirtió en su visión. Cuando el tiempo indicado llegó, tomó la oportunidad de aprender inglés en el extranjero viviendo durante 9 meses con su familia adoptiva mientras cursaba su último año de preparatoria en los Estados Unidos. Al término de sus estudios se mudó a Tucson Arizona y asistió al Colegio de Arquitectura en la Universidad de Arizona. A la edad de 31 años, después de haberse graduado y practicado por algunos años, obtuvo su licencia para construir y tuvo el privilegio de diseñar y construir casas, restaurantes, oficinas, edificios religiosos, estaciones de bomberos y escuelas primarias, todos reconocidos como edificios eficientes. Aunque su visión a su temprana edad de 9 años careció de grandes planes o detalles específicos, este jovencito simplemente se mantuvo enfocado a su visión y permitió que la vida le mostrara el camino a seguir para llegar ahí.

Por más de 20 años, ha disfrutado colaborar y apoyar a sus clientes con el diseño y la construcción de múltiples proyectos y aún disfruta reunirse con ellos en la obra para verificar el progreso, tomar decisiones y completar el proyecto de la manera que sus clientes lo visualizan. A menudo, brinda apoyo a cualquier persona que esté interesada en aprender sobre arquitectura, ingeniería y construcción asegurándose que los inspira a convertirse en grandes líderes al cumplir sus metas y convertirse en su visión.

Ahora, su visión ha evolucionado y se ha elevado; su más reciente proyecto el cual está en progreso, incluye administrar y expandir una compañía de manejo de proyectos en USA y México. También en su nueva visión se propuso escribir un libro sobre como soñar en grande y como lograr convertirse en su visión con el fin de conectar a las personas con su propósito y así logren vivir una vida con gran significado. Por su propia experiencia que empezó desde su temprana edad, hoy cree firmemente que cualquier persona que esté enfocada en una visión poderosa y elijan tomar acción pueden vivir sus sueños con gran aventura, libertad y significado.

Por consecuente, "VISIONBook, Imaginando y Viviendo Una Vida con Gran Significado" es uno de sus sueños más anhelados y visualiza y trabaja en distribuirlo por todo el mundo.

¿A Qué Edad Puedes Tener Una Visión?

Como ya se mencionó anteriormente, por elección propia, desde pequeño has tenido todo tipo de visiones acerca de tu vida, esas imágenes y eventos en tu mente que pertenecen al futuro inmediato o lejano, son simplemente el resultado de lo que tú anhelas ser o tener. Estas visualizaciones las has tenido desde muy temprana edad y entre más practiques este proceso de "visualizar", más fácil será que logres tus metas de la manera que las imaginas. Ahora que ya has aprendido esto, rétate a ti mismo a crear historias divertidas, positivas y de gran significado. Al paso del tiempo puedes ir ajustando la historia, las imágenes y tu visión para tu beneficio, manteniendo en tu mente el deseo de lograr y alcanzar las metas anheladas.

En el ejemplo previo de la niña visualizando su helado de nieve, sería incongruente llegar a la nevería visualizando salir de ahí con un par de zapatos nuevos. Así que, si tu visión es disfrutar un delicioso helado de chocolate sin embargo te decides por un helado de fresa, tu historia es congruente porque habías visualizado disfrutar un delicioso helado. En pocas palabras, tu visión y como eliges moldear la historia debe ser siempre de manera congruente apoyando la historia principal y el resultado final de tu película.

Independientemente de la edad que tengas 12, 15, 38 o 78 y de las condiciones de tu vida, tienes el derecho de creer que mereces vivir una vida con gran significado, que está a tu alcance y que llegará a ti en el tiempo perfecto. Algún día y en algún lugar cuando prestes atención a los sucesos de tu vida, una visión clara y poderosa se revelará en tu mente acerca de la persona que mereces ser, estará clara y viva en tu mente. Cuando esto suceda, elige mantenerte en el momento presente y recibe toda la información con tu corazón abierto. La vida tiene su propia manera de asegurarse que tu visión llegue a ti en el momento preciso y cuando tú estés listo y abierto a recibirla.

Puedes empezar a crear tu propia película asegurándote que lo que ves te hace sentir una gran emoción, te sientes lleno de energía y entusiasmo porque está llena de significado y un propósito positivo. Después, comprométete a vivir esa gran visión la cual está presente en ti y te conecta con tus sueños los cuales harás realidad. Al crear tu película asegúrate de que incluya gratas aventuras y retos, al igual que un propósito claro y positivo.

La Evolución de tu Visión

Al imaginar y visualizar en tu mente que ya te vives tus sueños y eres tu visión, empezarás a reconocer muchos aspectos de tu vida cotidiana que complementan tus sueños y tu visión. Es importante que tomes decisiones y consideres conscientemente tener actividades diarias que se relacionen con la película que has visualizado en tu mente y recordar la meta principal de tu visión; de esta manera tu visión empezará a avanzar y a tomar forma. De la misma manera, también podrías hacer ajustes agregando más pasos y tomando las oportunidades que se te presenten, siempre manteniéndote enfocado en el propósito principal. Al permitir que tu visión se ajuste a los sucesos y oportunidades de tu vida incrementarás tu confianza y permanecerás alerta al estar más dispuesto y abierto a recibir nuevas formas de vivirte tus sueños. Es posible que la vida suceda exactamente como tú la imaginaste, pero es importante que estés consiente que sería irrealista esperar

6

que tu visión se realice sin ninguna desviación, permite que tu visión evolucione y progrese mientras tu mantienes tu centro de atención en realizar tus metas primordiales. Si tu visión es convertirte en un productor de cine, permítele a la vida que te ayude a lograr ese objetivo y mientras transitas ese camino permanece abierto, aprende cosas nuevas, desarrolla o descubre nuevas habilidades en ti, siempre manteniendo el enfoque de complementar tu visión y meta principal. Cuando llegues a tu destino por ejemplo si quieres ser un productor de cine, permite que tu visión se eleve a nuevos niveles y ponte nuevas metas ya que al hacer esto te mantienes creando y agregándole más valor al propósito de tu visión. En algún momento de tu vida lograrás ser tu visión y cuando esto suceda, tu propósito será mucho mayor a tu visión original. Tal vez esto signifique que seas el director de un documental acerca de la paz en el mundo o posiblemente acerca de *"Cómo Purificar el Agua en Países Del Tercer Mundo"* y así promover la salud en las comunidades. Siendo así, tu visión estaría enfocada en como tomar conciencia al conectar a las personas con las necesidades básicas del mundo y la humanidad, mientras tú continúas viviendo tus sueños de ser un productor de cine y tu visión ha cobrado simplemente un nuevo significado.

Un Álbum de Fotografías vs. VISIONBook

Documentar tu visión es importante porque te permite ver en forma material o digital lo que tu mente ve claramente. De la misma manera tú y tu familia documentan unas divertidas vacaciones en una hermosa playa o eventos especiales y después compartes estas memorias o fotografías por teléfono móvil o por las redes sociales, de la misma manera podrías documentar tu visión mediante un VISIONBook y compartirlo con todas las personas en tu vida.

Tu propio VISIONBook puede estar complementado por metas, tareas, lugares, gente y actividades que ya has logrado o que planeas terminar. Tal vez el compartir tus planes de vida no sea parte de tu rutina diaria, sin embargo, cuando tu planificas tu viaje por la vida conscientemente, nace una gran oportunidad de evitar querer lograr todo sin la ayuda de otras personas las cuales es posible sean de gran apoyo para ti, por lo tanto es de gran beneficio para ti que recibas apoyo de quien te rodea. Ten confianza que cualquier cosa que te propongas es posible lograrla especialmente si te rodeas de un buen equipo de personas que estarán guiándote, apoyándote y acompañándote a lo largo de tu viaje. En el siguiente capítulo recibirás la información necesaria sobre cómo crear un VISIONBook y documentar el proceso para que lo compartas con el mundo entero.

Pregunta, ¿Qué opinas acerca de contar con un equipo de personas conocedoras de todas partes del mundo guiándote y apoyándote? Una de las metas de este libro es inspirarte a que documentes tu viaje por la vida y que compartas tu visión con toda persona que muestre interés en conocer cuáles son las metas y objetivos de tu visión. Piensa y ve tu VISIONBook como un álbum de fotografías o como un plan de vida, de tal forma que al verlos te recuerden tu misión. Tener un VISIONBook te permite documentar el proceso de vivir una vida con gran significado.

Los Resultados de Ser tu VISION

A través de la historia, han existido un sin número de personas las cuales han vivido sus sueños exitosamente y se han convertido en su visión. Su propósito fue tan claro e importante para ellos que lograron sobrellevar cualquier adversidad o circunstancia y permanecieron enfocados para conquistar su misión de vida.

Algunos ejemplos de la época moderna son fáciles de reconocer como es el caso del visionario Walt Disney y su sueño de crear un parque de diversiones para entretener a personas de todas las edades. Un ejemplo más reciente lo puedes ver en Steve Jobs y su visión de conectar al mundo entero mediante la tecnología y del conocido iPhone. ¿Qué piensas de Henry Ford con su invento del automóvil? La Madre Teresa quien creció sus esfuerzos como misionera para vivir su visión de apoyar al mundo entero logrando apoyarse en un equipo de 4,500 mujeres ordenadas en 133 países del mundo. ¿Qué piensas de Usain Bolt y sus logros con records mundiales para convertirse en el hombre más veloz en la historia del mundo? Conoces a Sam Walton quien empezó abriendo mercados pequeños en Arkansas y adoptó la filosofía de reducir costos para crecer y construir un imperio que cuenta con más de 11,690 tiendas en 28 países y emplea a más de 2.2 millones de personas para aportar y beneficiar la economía mundial.

Un ejemplo más reciente lo encontramos en Manoj Bhargava el creador y fundador de la bebida energética más famosa y conocida como *"5-hr Energy Drink"*, quien supo que sus billones de dólares generados podrían ser usados para un propósito mayor como el de mejorar la calidad de vida de personas en otras partes del mundo. El Señor Bhargava pasó de ser un hombre de negocios a ser un filántropo y elevo su visión para impactar positivamente comunidades a nivel mundial atendiendo problemas reales como proveer agua potable y electricidad.

Todos los personajes anteriormente mencionados son solo algunos ejemplos de visionarios reconocidos a nivel mundial por sus logros. Existen asombrosas, consientes e importantes personas con grandes visiones como los maestros, policías, músicos, artistas, barredores, repartidores de periódicos, caricaturistas, guardias de seguridad, mecánicos, enfermeras, electricistas, héroes del día y hasta bebes recién nacidos los cuales llegaron a este mundo con una misión clara y poderosa.

Haz que tu visión esté compuesta de metas basadas en sueños con gran significado que contribuyan algo positivo y si en el proceso de vivírtelo logras expandirlo a nivel mundial mejor para ti y toda la gente que se beneficiará por tener una visión así de grande y poderosa la cual es capaz de apoyar a millones de personas. El dicho común que dice: *"Piensa Globalmente y Actúa Localmente"* aplica perfectamente a tu visión.

Tú tienes el derecho de vivir una vida con gran significado y contribuir al mundo con tus propios talentos, sueños y tú visión. No existen sueños más grandes o mejores visiones y ninguna visión es mejor o más importante que otra. Lo que realmente hace tu viaje por la vida único y le da poder y gran significado a tu visión eres Tú. Es tu turno de soñar en grande y permitir que tu propia visión te lleve a través de un viaje lleno de valentía, aventura y significado.

En los siguientes capítulos tendrás la oportunidad de aprender más sobre "Sueños" y "Visiones", recibirás información y herramientas importantes para conectar con tu visión de una forma que sea de gran inspiración para ti.

Capítulo 2
Visión vs. Sueño

¿Será este Sueño Mi Visión?

Para entender la diferencia entre un sueño y una visión, es primordial que comprendas que los dos suceden en tu mente. La mente consciente te permite percibir el mundo a través de todos tus sentidos. Los cinco sentidos tradicionales son el gusto, la vista, el tacto, olfato y el oído. Los sueños usualmente suceden mientras estas durmiendo y son generados por tu mente subconsciente. Sin embargo, tal vez te estés preguntando: ¿Qué hay sobre soñar despierto? Soñar despierto es como experimentar una visión o tener una imagen clara en tu mente sobre cualquier cosa que tu mente elija imaginar. Durante el tiempo en el que lees este libro, te invito a que consideres a los sueños y las visiones como dos mejores amigos los cuales trabajan en conjunto para mantenerte conectado a un propósito o a una misión poderosa.

Para explicar este concepto de manera más profunda, considera y distingue la diferencia entre una persona que sueña (un soñador) con una persona que visualiza (visionario). Los soñadores mantienen las ideas en su mente y disfrutan imaginándolas por el sentimiento que les produce hacerlo. Los visionarios, por otra parte, disfrutan tomar acción y hacer algo al respecto sobre las ideas e imágenes que ven en su mente. Así que, ahora que tienes una idea de lo que es un soñador y un visionario, puedes confiadamente decir que *una visión es un sueño en acción*. Existen tres ingredientes básicos y esenciales para poner tus sueños en acción y logren ser calificados como una visión.

El primer ingrediente principal es preguntarte: ¿Quién soy yo? Por ejemplo, si yo estoy soñando que estoy nadando con peces coloridos, les tomo fotos y las fotos son publicadas en una revista muy reconocida, entonces, cuando me pregunto: ¿Quién soy yo? la respuesta es *"Yo soy un famoso fotógrafo marino"* Puedes también incluir más detalles al responderte esta simple pregunta si lo deseas. Otros podrían decir: *"Yo soy un buzo profesional y un fotógrafo marino"* La idea es sencilla, solo tienes que definir quién eres en ese sueño que estas visualizando.

El segundo ingrediente para poner tus sueños en acción es preguntarte: ¿A qué me dedico en este sueño? Para continuar elaborando el ejemplo anterior sobre el buzo y fotógrafo marino profesional el cual toma fotos maravillosas para que el mundo las disfrute, tu podrías complementar el ingrediente al identificar las cosas que tienes que hacer para lograr tus sueños. Como ejemplo, los buzos son profesionales certificados que están cuidadosamente entrenados para que experimenten el mundo marino; por lo tanto, para poner en acción este sueño debes aprender todo sobre las certificaciones de buceo. ¿Y qué opinas de aprender a nadar?, ¿Sería esto un requisito importante? ¿Qué tal, contar con un equipo fotográfico apropiado para aprender a tomar fotos bajo el agua? ¿Podrías ir más lejos? Piensa en lo importante que puede ser el estar familiarizado con la forma en la que los peces se comportan con los humanos mientras son fotografiados y con su completo mundo marino. Tal vez sería una gran idea hacer equipo con el capitán de un barco y con la tripulación conocedora de los lugares donde los peces más exóticos se encuentran y así logres tomar fotos maravillosas y únicas.

También, podrías hacer equipo con la agencia publicitaria de una revista reconocida que puedan publicar tus fotografías para que el mundo las disfrute. Este proceso de responderte a ti mismo sobre lo que necesitas hacer es muy revelador porque empiezas a poner tu sueño en acción. Los sueños que fueron previamente solo ideas en tu mente, ahora logras sentirlos más reales ya que al hacerte estas preguntas sentirás la experiencia que visualizas como si fuese un hecho.

El tercer ingrediente para poner tu sueño en acción y que sea considerado como una visión, es tal vez el más emocionante y gira alrededor de lo que obtendrías si este sueño se hace realidad. Ahora, esto es muy atractivo y tú puedes empezar a imaginar y a elegir todo lo que obtendrías de este sueño si lo pones en acción y se convierte en una realidad. Así que, ve hacia el futuro e imagínate viviendo ese sueño y experimenta el sentimiento por haberlo logrado. Aquí se encuentra una lista parcial de elementos potenciales de los cuales podrías elegir: felicidad, satisfacción por haber completado algo significativo, mucho dinero, fama. ¿Cómo sería contar, en el caso del buzo/fotógrafo profesional, con amigos únicos a través del mundo? Podrías también incluir que obtienes reconocimiento mundial y premios por capturar las mejores fotos bajo el agua. La lista de sentimientos, experiencias y cosas materiales se limita a tus propios deseos y a tu mente creativa.

Una vez más, puedes resumir o simplemente definir tu visión como tus propios sueños en acción. Y tus sueños únicos son inmediatamente puestos en acción al responderte estas tres preguntas básicas:

¿Quién soy yo en este sueño?
¿A que me dedico o qué hago en mi sueño?
¿Qué obtengo de mi sueño?

En tu visión, incluye declaraciones claras de que tú eres alguien importante y explica con detalle a lo que te dedicas y que es lo que obtienes mientras te permites a ti mismo sentir y vivir tu visión para que se haga realidad.

Para descargar una hoja de trabajo que te ayude a documentar apropiadamente tu visión, por favor visítanos en nuestro sitio de internet www.visionbooknow.com y ve a la sección de ayuda para que descargues herramientas únicas que te ayudarán a poner tus sueños en acción. En este enlace también encontrarás una sección de apoyo donde podrás buscar y descargar algunos ejemplos de cómo otras personas han documentado sus visiones usando estas herramientas únicas.

Ingeniería Inversa de mi Visión

Tu visión es muy poderosa porque te conecta con una historia positiva y significativa. Tu visión también te muestra claramente en tu mente y te permite sentir en tu corazón el resultado de convertirte en tu visión. Al visualizar el resultado de tu historia y ensayar la ingeniería inversa del resultado como una manera de definir los pasos que se requieren para llegar a la meta, es una excelente y sencilla manera de poner en acción tus sueños.

Por ejemplo, Luis a los 11 años, tuvo una visión de que era un patinador extremadamente talentoso y que convivía, aprendía y era amigo del famoso patinador y medallista de oro, Shawn White. El Señor White fue una verdadera inspiración para Luis ya que era una celebridad muy reconocida como patinador y era patrocinado por grandes marcas y aparecía en televisión en competencias mundiales. Cada vez que los campeones mundiales aparecían en la televisión, que incluía a lo mejor de lo mejor compitiendo por reconocimiento mundial y por un atractivo premio en efectivo, Luis los estudiaba detenidamente y con el paso del tiempo comenzó a tomar muy en serio el patinaje. Finalmente, Luis puso su sueño en acción cuando empezó a tomar clases de patinaje y a practicar todos los trucos que Shawn White hacía en sus rutinas al competir. Luis empezó a comprender lo que se requería para ser alguien como Shawn White, y optó por forjar amistad con amigos con los mismos intereses, como Diego, Tadeo y José con quienes compartía la pasión del patinaje.

Luis, incluso platicó con su padre para que le construyera una rampa grande en el patio de su casa para poder practicar los trucos del patinaje. Después se inscribió en clases en una escuela local de patinaje en la ciudad de Glendale Arizona donde asistió a la escuela semanalmente para aprender de maestros experimentados y de otros estudiantes muy talentosos. Mientras atendía una de las escuelas locales de patinaje, Luis se hizo amigo de Laser un niño de 10 años de edad todo un profesional del patinaje que tenía la experiencia de haber convivido con famosos patinadores como Chris Cole a quien Laser conoció en un campamento de verano y ahí aprovecho la oportunidad de aprender de los consejos de Chris.

Es importante mencionar la historia de Luis porque él se respondió a sus preguntas de, ¿Quién soy?, ¿Qué Hago? Y, ¿Que Obtengo? sin el estar consciente de ellas, de esta manera él pudo ver claramente la forma de cómo lograr su sueño y aprender de una persona famosa.

El concepto de aplicar la Ingeniería inversa a tu visión, básicamente significa que, al conocer exactamente el resultado final de tu visión, tu puedes retroceder y definir los pasos requeridos para llegar a la recta final y lograr tu meta. Existen muchas maneras de poner tus sueños en acción y activar tu visión. Si la Ingeniería inversa te parece una manera fuera de lo común, puedes seguir los siguientes 10 pasos escritos en el siguiente segmento. Estos pasos pueden ser muy útiles para ti mientras moldeas tu visión. Al seguir estos pasos apropiadamente podrás definir tu *Visión*.

10 Pasos Fáciles para Crear una Visión Poderosa

1.- La visión debe ser creada por ti como respuesta a tus propios sueños y tu propia experiencia de vida.

2.- Puedes solicitar ayuda de cualquier persona mientras respondes a las tres preguntas: ¿Quién soy yo?, ¿A que me dedico o Que Hago? y ¿Qué obtengo de mi sueño?

3.- Puedes seleccionar una o más personas para que te guíen y que apoyen tu visión.

4.- Tú puedes compartir tu visión con el mundo entero.

5.- Tu visión debe ser amplia y detallada. Explica la manera que la ves y provee fechas específicas de las distintas fases. Explica con detalle porque tu visión es importante mientras identificas tus metas.

6.- Tu visión debe ser positiva, con metas claras y debes elegir actitudes y maneras positivas para realizarla.

7.- Tu visión debe ser alcanzable y medible en un tiempo determinado, es muy importantes que incluyas fechas para poder lograr cualquier tarea grande.

8.- Tu Visión debe expandirse más allá de tus propias capacidades. Sueña en Grande.

9.-Define lo que lograrás al alcanzar tus metas y lo más importante, ¿Cómo harás una diferencia e impactarás al mundo positivamente?

10.- Diviértete durante todo el proceso mientras sueñas, creas y vives tu visión. Se atrevido y honesto y toma acción para terminar cada tarea que contiene tu visión. Cuando seas tú visión, encuentra nuevas formas de elevarla.

Es importante que recuerdes que tu viaje el cual es definido por ti, tal vez se desvíe un poco durante su transcurso. Debes recordar el mantenerte enfocado y ser claro sobre cuál es el resultado final que quieres lograr.

El paso número 7 es importante mencionarlo, porque para lograr tu meta es necesario que tu visión sea alcanzable en un tiempo determinado. Por favor visita la página de recursos para que descargues una copia gratuita de la hoja de trabajo "Tareas Inteligentes" para lograr tu visión de una forma que sea apropiada.

Para aclarar sobre el punto o paso número 7 dice que la visión debe ser alcanzable y el paso número 8 dice que vayas más allá de tus capacidades, existe un balance entre el paso número 7 y el paso número 8, y soñar en grande no necesariamente significa soñar de una manera irrealista, como sería soñar formas de sembrar maíz en la luna. Habiendo dicho esto, si tú tienes una forma clara de poner en práctica la ingeniera inversa sobre como sembrar maíz en la luna, hazlo y disfruta los 10 pasos al máximo.

Este libro ha sido escrito para empoderarte y jamás para limitarte, así que, sueña tan grande como tú lo desees.

Tu actitud Te Guía

Ahora que ya entiendes la diferencia de una visión y de un sueño y conoces el proceso a seguir, el cual incluye algunos pasos sencillos para poner tus sueños en acción. Ya estás listo para aprender como una actitud positiva y ciertas formas de pensar, de sentir y de expresar, siempre te ayudarán y jamás irán en contra de tu visión.

Muchos de los descubrimientos y logros increíbles del mundo de hoy, se han obtenido aún en contra de las posibilidades, por el simple hecho de eliminar pensamientos negativos y por eliminar maneras pesimistas hacia una gran idea. Cuando estas conectado con la misión de vivir tus sueños y de convertirte en tu visión, incluso los pensamientos y comentarios negativos te recordarán y guiarán hacia tu misión. Conforme vas viviendo tu visión, algunos valores fundamentales que te definen saldrán a la luz para mantenerte enfocado y te recordarán quien vive en ti.

En los siguientes capítulos aprenderás sobre tus valores fundamentales y lograrás honrarlos como una gran herramienta para que te guíes y te mantengas enfocado a tu visión. Por ahora, siempre elige actitudes y usa palabras positivas al describir tus actividades diarias, sin importar las circunstancias.

¿Con cuál de estas dos personas preferirías asociarte?

Asume que la persona abajo mencionada llega a su trabajo y se encuentras con un problema, su herramienta con la que trabaja está rota. Lee los dos escenarios y decide que actitud te gustaría imitar.

Primer ejemplo:

> *"Buenos días Señor, estoy muy entusiasmado de estar hoy aquí en mi trabajo y arreglar esta herramienta la cual me ayudará a ser más productivo y completar mi trabajo de una manera más fácil. Me encanta el reto de poder reparar esta herramienta porque es una gran oportunidad de demostrar mis habilidades. Estoy emocionado de terminar esta tarea y saber que seremos más eficientes después de que yo lo arregle y regrese a mi posición de trabajo".*

Segundo Ejemplo:

> *¡Qué día me espera! Sabía que esta herramienta se iba a descomponer y me iba a prevenir terminar mi trabajo. Siempre es lo mismo; cuando estoy más ocupado esta cosa se quiebra y me complica todo. Como quisiera tener el tiempo para arreglarlo, pero no me pagan por saber cómo arreglar esta cosa. Es una pérdida de tiempo, el día inició siendo una pérdida de tiempo.*

Este es un ejemplo claro de cómo tu actitud negativa puede prevenirte de avanzar en una forma productiva. Incluso si estas rodeado de personas con ese tipo de actitud, reconoce y acepta que esas actitudes negativas y esas personas pesimistas no pertenecen en tu día y aprende a poner una barrera a esas actitudes de una manera positiva.

Haz una lista de actitudes positivas con las cuales te identificas y hazlas parte de tu vocabulario diario. Enseguida encontrarás una lista de algunas actitudes positivas para que las consideres al expresar cualquier cosa verbalmente.

Mejor aún, rétate a mentalmente hablarte positivamente y te sorprenderás cual divertido y productivo se convierte tu día.

Afectivo	Libre	Sensible
Confidente	Amigable	Confiable
Tranquilo	Enfocado	Seguro de sí mismo
Ambicioso	Prudente	Fiel
Motivado	Generoso	Comunicativo
Sincero	Buena Voluntad	Sensible
Bondadoso	Agradecido	Serio
Carismático	Trabajador	Sincero
Confiado	Honesto	Aventurero
Alegre	Humilde	Simpático
Considerado	Curioso	Decisivo
Considerado	Accesible	Tolerante
Compartido	Amoroso	Confiable
Valiente	Amable	Modesto
Energético	Maduro	Noble
Mente abierta	Devoto	Practico
Confiable	Indulgente	Fuerza de voluntad
Determinado	Optimista	Entusiasta
Persistente	Positivo	Puntual
Capaz	Realista	Sociable
Autentico	Responsable	Disciplinado

Tu visión merece permanecer positiva y poderosa. Una vez que tomes los pasos necesarios para ponerla en acción y que identifiques tus propias creencias y maneras de pensar, puedes combinarlas para mantener una actitud positiva durante el día.

Esto te permitirá experimentar el proceso de alcanzar tus metas de manera aventurera, armoniosa y divertida. Mientras te mantengas sincronizado con tus sueños y los pongas en acción, tu visión automáticamente se convertirá en algo significativo y será dirigida de una manera adecuada a servir un propósito mayor. Tu visión y las metas definidas actúan como una varita mágica haciendo que todo en tu mundo sea más fácil de interpretar. En el siguiente capítulo aprenderás los beneficios de tener y saber usar una varita mágica.

Capítulo 3
Encontrando Tu Varita Mágica

Soñando Sin Límites

Lo veo todo claramente en mi mente. Estoy ensayando y perfeccionando todos los pasos de mi rutina; ¡escucho a mi entrenador felicitarme por lograrlo con precisión y perfección! De repente, me dan la noticia, me han seleccionado, "soy parte del equipo" ¡Empiezo a sentir una enorme emoción y una energía caliente por todo mi cuerpo mientras y un sentido de orgullo y humildad me inunda al decirles a mis padres "Lo he logrado! ¡Logré perfeccionar mi rutina, alcancé mi meta y me eligieron! Soy parte del equipo olímpico de gimnasia" Todo es extremadamente emocional, corro a abrazar a mi mamá con lágrimas de felicidad en mis ojos y escucho la voz de mi madre diciendo con gran compasión y orgullo *"Desde el día que tu naciste mi intuición me hizo sentir y logré ver que tenías una misión en tu vida y que estabas destinada a lograr grandes cosas durante el camino de tu vida"*. En cuanto me volteo, veo ahí a mi padre parado viéndome en control total de sus emociones y con una voz amorosa, confiada y poderosa me dice *"Hija, felicidades, te recuerdo que es solo la primera fase de este viaje con gran significado que tu has visualizado y elegido emprender, tengo la certeza que continuarás mejorando tus habilidades y rebasaras tus expectativas porque veo que tienes la disciplina requerida para vivir tu sueño y tu visión".*

De pronto, escucho que anuncian mi nombre, es mi turno, empiezo a ejecutar mi rutina exactamente como las medallistas de oro a quienes he observado de cerca desde mis 4 años y me han inspirado a practicar con dedicación, estoy enfocada en el evento final y ejecuto mi rutina precisamente como yo la visualicé con movimientos precisos y balance perfecto mostrando mis mejores habilidades en una rutina jamás vista por los jueces, todo lo veo en cámara lenta pero al escuchar mi nombre por los micrófonos y al ver en el tablero de puntaje lo que en mi corazón siento merezco, doy un enorme salto llena de emoción al ver el puntaje perfecto "10" ¡Dios mío! Apenas caben en mi cuerpo todas estas emociones, me encuentro ya parada en el peldaño más alto lista para recibir mi medalla de oro con una sonrisa que apenas cabe en el estadio Olímpico, me siento realizada y en control de mi vida, siento a todo el país entero respaldándome y claro, con justa razón, soy un héroe nacional y soy una inspiración para todas las jovencitas con el sueño de algún día formar parte del equipo olímpico de gimnasia. De pronto, una voz fuerte se escucha diciendo: *"Matilde, es tu Turno! Es momento de practicar tu rutina, apúrate, vamos anda que solo restan 45 minutos para el final de esta práctica".* Estoy ya de regreso en el presente en mi escuela de gimnasia en un martes común practicando por la tarde con otras 3 amigas y acordando ir a Starbucks después de la práctica y planeando llegar a casa para terminar mi tarea y estudiar para el examen de mañana. Como dicen todas las personas adultas que conozco "De regreso a la Realidad" lo que significa estar en el momento presente y conectar con la gente y las tareas de este momento. ¡Caray!, que sueño tan emocionante acabo de experimentar. Me llevó hasta el futuro donde todo lo vi y experimenté a todo color, con diálogos y sentimientos en mi mente tan reales que me gusta tanto tener estas visiones en mi mente porque me mantienen enfocada en esta meta de vida.

Lo que Matilde experimentó es una visión voluntaria y consciente también conocida como "Soñar Despierto." Soñar es simplemente definido como un suceso de imágenes, pensamientos o emociones pasando por tu mente mientras duermes o como una visión voluntaria inducida mientras estas despierto. Las Visiones positivas siempre te inspiraran a crear y lograr cosas extraordinarias, todas estas visiones están listas y a tu alcance; y a cada instante que tu decidas y elijas pensarlas. Las visiones pueden ser muy poderosas y son la fuerza detrás de todas las cosas positivas que logres obtener y completar. Asegúrate que logras tener visiones llenas de imágenes vívidas con sonidos y emociones, ya que estas imágenes serán grabadas y permanecerán ahí para que accedas a ellas y las uses en el momento que tu elijas, las puedes reemplazar con imágenes nuevas y, por consiguiente, nuevas visiones.

¿Qué sucede si yo no soy capaz de crear estas visiones poderosas y las que género siento que no son importantes y dudo que me estén apoyando? Si te estás haciendo estas preguntas u otras similares o tienes dudas hacia dónde dirigir tu visión, sobre el tema de tu visión o que profesión emprender, entonces mereces hacer el ejercicio que está en el siguiente segmento.

El Efecto de tu Varita Mágica

Este mundo es vasto en retos y oportunidades y si enciendes tu televisor o buscas en tu teléfono las noticias del día, verás como en muchos países y lugares del mundo sufren de hambre, crímenes, aguas contaminadas, abuso a menores, falta de educación, enfermedades terminables, pobreza, etc. La ciudad donde tú vives o tu misma comunidad puede estar experimentando alguno de estos retos como la discriminación, crueldad a los animales, desempleo, etc. Y es de gran importancia mencionar que con cada reto en el mundo existe también la oportunidad de atender y solucionar estos retos y con seguridad muchas de estas oportunidades aún no han sido exploradas. Si eliges ver estos retos desde un ángulo más positivo, lograrás ver que el mundo es un lugar lleno de esperanza y oportunidades para que nuevas y mejores cosas nazcan. Ten la certeza que en este preciso momento hay personas y visionarios soñando y trabajando para hacer de este mundo, un lugar armonioso, saludable y con un nivel más alto de consciencia y paz. Ciertamente existen un sin fin de oportunidades para lograr un cambio positivo en áreas como la salud, agricultura, igualdad, seguridad, mercado internacional y muchas otras áreas donde un proyecto altruista puede moldear de manera positiva al mundo donde vivimos. Es válido asumir que todos los negocios y todas las personas que mantienen un empleo sirven un propósito único y a la vez cumplen con varias necesidades del mundo, país, ciudad, comunidad e incluso de tu misma familia.

Por lo tanto, seguramente ya estarás de acuerdo de que existen muchas necesidades y muchas oportunidades las cuales tu visión puede atender y esta manera de pensar es lo que permite que tu visión cobre un gran significado. El ejercicio que se muestra a continuación te ayudará a abrir tu mente y a confiar en tu intuición e instinto para acceder a un súper poder que existe dentro de ti.

Abre tu mente y confía, ve y busca un lápiz o una pluma o cualquier objeto que parezca una varita con la que te sea posible escribir. ¿Ya la tienes? Tómala con tu mano dominante y repite lo siguiente:

> *"Tengo en mi mano una varita única, poderosa y mágica y con esta varita logro cualquier cosa que yo deseo para beneficiar al mundo. Con esta varita mágica YO ELIGO CAMBIAR_____ para mejorar al mundo, a mi Familia, mi Comunidad, mi Ciudad y a mi País."*

En el espacio que está en blanco, seguro pensaste en algo automáticamente. ¿Qué fue lo que pensaste? ¿Pensaste en algo que el mundo carece o necesita o tal vez pensaste en algo divertido que te gustaría desarrollar o inventar? Exactamente eso que te cautiva y sientes en todo tu ser te gustaría cambiar en ti, en tu Familia, en tu Comunidad, Ciudad, País o en el mundo, es un tema de gran importancia puesto que es el ingrediente principal de tu visión.

Una vez más, este ejercicio de tu varita mágica te permite soñar más allá de tus capacidades, o de tus aparentes limitaciones, por consecuente, en este ejercicio que a continuación harás, pon todo de tu parte y atrévete a soñar sin límite.

Una vez más, Toma tu Varita Mágica con tu mano y di en tono fuerte y con gran seguridad:

> *"Tengo en mi mano una varita única, poderosa y mágica y con esta varita yo sueño sin límites y VEO Claramente que soy_____ y que _____porque me apasiona y me gusta hacerlo y marco una gran diferencia por lo tanto recibo_____,_____ y _____ y esto me convierte en una mejor persona y un ciudadano responsable porque lo que Yo Soy y Yo Hago contribuye al bienestar de mi Comunidad, mi Ciudad, mi País y esto permite que yo cambie al mundo de manera positiva con el solo hecho de tomar acción día a día y actuar en mi Visión.*

Al nacer, llegas a este mundo con el derecho de soñar en grande y sin límites que merece tener y usar su varita mágica en cualquier momento que tu desees conectar con tu visión y así darle significado a tu vida. Entre más frecuente sueñes acerca de la meta y visualices obtener los resultados, más te alinearas con tu visión y más lograrás enfocarte en cumplir tus metas y así vivir tus más anhelados sueños. ¿Pudieras tener varias Varitas Mágicas? ¡Por supuesto que sí! Quizá no logres reconocerlas, sin embargo, ya cuentas con ellas.

Existen y llegan constantemente a tu vida esas "varitas mágicas" para inspirarte y para invitarte a que accedas a una mejor versión en ti y para apoyarte a que logres grandes cosas. Estas varitas mágicas de las que hablo son todos los momentos mágicos que siempre están a tu alrededor esperando a que logres reconocerlos en tu vida.

Los Momentos Mágicos Me Rodean

La magia está por todos lados, por consiguiente, los momentos mágicos están constantemente sucediendo a tu alrededor. Es posible que elijas ver la salida del sol como el principio de un día nuevo en tu vida, pero para otros como en el caso de un astrólogo, es posible que ellos lo vean como un evento mágico por el profundo entendimiento que poseen acerca de lo que sucede en el universo para que el sol logre bañar la tierra. Después de la salida del sol, es probable que te sientes a desayunar apurado o quizá ves a tu primera comida como una simple rutina de alimentarte para mantenerte sano y nutrir tu cuerpo. Sin embargo, pudieras preguntarte cómo fue que esa comida llegó a tu plato y de pronto empiezas a imaginar las múltiples profesiones que cientos de personas que tuvieron que ver para que esa comida llegara a tu mesa en ese momento. Ahora tal vez logres ver como tu visión está relacionada con las visiones de otras personas y sus visiones con la tuya. Si gustas, puedes compararlo con un equipo de Fútbol donde los jugadores comparten la misma meta de ganar el campeonato mediante sus esfuerzos personales, pero jugando todos como equipo se logra alcanzar la victoria.

Momentos mágicos llegan a tu vida para ayudarte a crecer y ser mejor persona y para unirte con la versión auténtica que vive dentro de ti. Una vez que eliges ver la magia que rodea tu vida, los momentos mágicos se vuelven aún más aparentes y muchos eventos en tu vida empiezan a cobrar sentido por este motivo, rétate a prestar atención a todas las señales que éstos reveladores momentos traen a tu vida. Todo está mágicamente conectado, todo lo que te rodea y en todo de lo que tú eres parte, está relacionado a la historia en tu visión. Los momentos mágicos son muy significativos y tienen el mismo poder que una varita mágica en el sentido que automáticamente te conectan a tu visión y expanden tu habilidad de soñar sin ninguna restricción.

Pon mucha atención a un momento en tu día o en tu semana en el cual experimentaste felicidad al máximo o tal vez algún sentimiento profundo de haber logrado algo importante. Puede ser que pasó por un segundo y sentiste algo mágico recorriendo todo tu cuerpo. Pudo haber sucedió cuando viste a un hombre invidente cruzar la calle con ayuda de su perro guía y automáticamente conectaste con tu agradecimiento por tener una vista perfecta. Enseguida, identificas lo que significa el trabajo de las personas que entrenan a los perros para que guíen a los invidentes y como juntos pueden sin temor caminar y cruzar la calle en medio del tráfico. De pronto te preguntas como una persona queda completamente ciega y como el ojo humano está compuesto de partes que trabajan en conjunto para que logres ver; y en este proceso de cuestionar, sentir y analizar, despierta en ti una gran pasión por aprender acerca de enfermedades incurables en personas invidentes, te inspira a ser un oftalmólogo dedicado a investigar sobre las condiciones que causan ceguera y a descubrir la cura, que hasta hoy día no existe en el mundo de la medicina.

Al elegir ver este momento ordinario como un momento mágico, tendrás el sentido de responsabilidad por convertirte en un doctor extraordinario; y el momento que acabas de presenciar te llevan a soñar despierto y una película nueva aparece claramente en tu mente. Estas tan enfocado con esta nueva visión que todo lo que te rodea se relaciona, por lo tanto empiezas a indagar si los perros guías es la única manera de apoyar a un invidente a caminar, también aprendes que los perros guías pasan por un riguroso entrenamiento, te preguntas quien fundó la primer escuela de perros guías, que se necesita para ser un entrenador, luego te preguntas en que escuela se capacitó el entrenador , si se requiere alguna certificación o si trabajan en conjunto con los veterinarios para el desarrollo apropiado de estos inteligentes animales y que logren ser la mejor compañía de las personas invidentes. Todo esto sucede cuando estás en tu carro esperando que la luz se ponga verde para avanzar; la consecuencia de esos segundos que presenciaste al hombre invidente acompañado de un perro guía, es que lograste entender a través de esas imágenes como todo esta intrínsecamente relacionado. Este momento mágico que solo duro escasos 15 segundos actuaron como una varita mágica porque te permitió soñar conscientemente con un gran propósito.

También existen momentos tristes en tu vida que te conectan con experiencias o sentimientos desagradables y estos momentos, si lo eliges, pueden ser tus más grandes maestros. En tiempos pasados puede ser que te hayas sentido avergonzado de experimentar miedo o tal vez te dijeron que jamás deberías sentir miedo por nada y aprendiste a reprimirlo. Hoy día por tu propia voluntad, elige soltar cualquier creencia o acuerdo que tengas acerca del miedo que no te apoyan en tu vida. Ahora, acepta tus miedos y siente el poder al ver al miedo como una oportunidad para experimentarlo completamente en vez de apagarlo, permite que pase por ti y aprende acerca de lo que estas sintiendo mientras pasa a través de ti. Atrévete, tienes el derecho de sentir tus miedos y de crear una nueva manera de lidiar con ellos que funcione para ti y que te permita avanzar tu vida bajo cualquier circunstancia.

Si tú lo eliges, puedes usar algunos pasos sencillos para lidiar con el miedo. Primero, permite que tus miedos despierten cada célula de tu cuerpo y conéctate con lo que estas experimentando. Segundo, visualiza la experiencia con todo y ese miedo que sientes y conecta con la imagen de estarlo experimentando aun cuando sientes miedo. El tercero, es simplemente tomar acción y hacer lo que visualizaste.

Miguel a la edad de 7 años estaba alistándose para hacer una hazaña y bajar patinando de la parte más alta de una rampa por primera vez en su corta vida. Visualmente midió la distancia viendo de la parte más alta de la rampa hacia la parta más baja y exclamo "Tengo Miedo." De pronto escuchó la voz segura de su padre apoyando ese sentimiento diciéndole: "El Miedo te Prepara", ese es el primer paso y te permite que te pongas alerta para que conectes con lo que estás haciendo. ¡Luego, visualiza lo que deseas hacer en tu mente varias veces hasta que logres remover de tu mente cualquier error y como paso final, solo hazlo! Así es que Miguel siguió los pasos así como se los explicó su padre y logró hacer su hazaña por primera vez sin ningún problema. Esto le generó la confianza de hacerlo una y otra vez hasta perfeccionarlo y cada vez que lo hacía su miedo disminuía hasta que desapareció por completo.

Inmediatamente después de este evento, Miguel aprendió que el miedo es un buen maestro y que te prepara y conecta con la actividad que deseas lograr. Aprendió que manejar su miedo es una manera de creer en sus habilidades y lograr algo que tal vez lo consideraba imposible. También aprendió que puede soñar en grande y sin límites con esta nueva habilidad adquirida de manejar sus miedos para alcanzar y lograr sus más grandes sueños aun cuando el miedo estaba ahí presente.

Los logros de algunas personas se extienden más allá de las limitaciones humanas y están disponibles para ti en el libro de records mundiales llamado "Guinness". Pudiéramos fácilmente llamar a este libro "El Libro de Visiones y Retos a las Limitaciones Humanas Conocidas."

Correr una milla en menos de 4 minutos fue en algún tiempo considerado imposible hasta que Roger Bannister lo hizo por primera vez el 06 de mayo de 1954 pero solo 46 días después también lo logró John Landy. En la actualidad el dueño de ese record lo tiene Hicham El Guerrouj de Moroco quien en 1999 corrió una milla en 3 minutos, 43 segundos y 13 milésimas de segundo. Puedes estar seguro que en estos días, muchas personas están visualizando correr aún más rápido y eventualmente encontraran la manera de conquistar sus propias limitaciones para mejorar y romper ese record.

¿Qué opinas del primer Astronauta? ¿Piensas que pudo tener algún miedo y experimentó sentimientos poco placenteros al convertirse en el primer astronauta que viajó al espacio? ¿Y qué opinas del primer Piloto de Avión o el primer domador de Leones o el primer buzo enviado a respirar debajo del agua con tanque de oxígeno o el primer Doctor que hizo el primer trasplante de corazón? Todos estos ejemplos te apoyarán a ver que los retos y las adversidades y circunstancias desconocidas tienen la capacidad de inspirarte para que permanezcas conectado a tu visión y logres cosas más grandes que las limitaciones inventadas por ti mismo.

Siente y Aprecia La Magia

Ahora ya tienes una nueva perspectiva acerca de cómo los momentos mágicos apoyan tus sueños, tu visión y tu vida. Ya cuentas con el conocimiento de que pueden suceder en cualquier lugar y a cualquier hora del día siempre y cuando estés alerta y elijas catalogarlos como "Momentos Mágicos." Después de leer este capítulo, ya estas consciente que al tener una visión poderosa de quien anhelas ser, que te visualizas haciendo y lo que obtendrás al tomar acción y convertirte en tu visión, son los 3 ingredientes claves mientras ves en tu mente la película a todo color incluyendo conversaciones y detalles que se grabaran en tu subconsciente para que las accedas cuando lo necesites.

La idea de tomar en tu mano y usar una varita mágica y permitir que los momentos mágicos inspiren tu visión es un ejercicio sobrenatural que te empodera a remover límites y soñar en grande. Atrévete a soñar en grande de tal forma que sientas miedo y te saque de tu zona cómoda. Después, visualízalo vívidamente sintiendo todo intensamente hasta que logres ver y sentir que es posible. Mientras observas la película en tu mente, lograrás verlo detalladamente como las instrucciones necesarias para vivir tu vida. Por último, acepta que todo lo que sucede a tu alrededor tiene un propósito y acepta que tus sueños y visiones están también conectados a los sueños y visiones de otros y cuando todas estas visiones trabajan en conjunto algo grande se logra.

Siente a menudo la urgencia de tener en tu mano tu varita mágica y disfruta usándola como si fueses un niño de 5 años mientras sueñas despierto y ajustas tu visión. Sueña sin límites sintiendo una gran responsabilidad de ayudar a la humanidad y al mundo en el que vives ya que tú eres un jugador muy importante del equipo y juntos estamos trabajando en una meta en común para fomentar amor, paz y aventura.

Capítulo 4
La Importancia de Tener Visión

¿Poseo la Responsabilidad por la Humanidad y el Mundo?

En muchas ocasiones durante el día, la semana y en tu vida adulta, buscarás la orientación de tus padres, tus maestros, un buen libro, tal vez en una película inspiradora, o en una conversación con un amigo cercano. Es en estos momentos específicos de crecimiento personal y la búsqueda de un propósito mayor, donde tú, sin esfuerzo alguno, experimentas un sentido de responsabilidad hacia la humanidad, hacia tu mundo inmediato y hacia el mundo entero.

Es importante tener una visión clara que te recuerde que al ser y convertirte en tu visión cumplirás un propósito. Lograrás ver claramente si estás viviendo tu vida de tal manera que se cumpla tu propósito o misión. Al incluir responsabilidad a tu visión, logras vivir una vida con gran intención y al hacerlo, este suceso te apoya tanto a ti como a otros. Aún más importante, al vivir una visión clara y responsable simplemente promueves la paz, la felicidad y el amor. Los sucesos de tu vida cotidiana son oportunidades que te recuerdan quien realmente eres y al mismo tiempo, estos momentos, te entregan la oportunidad de mantenerte en tu camino y así te conviertas y accedas a una mejor versión de ti mismo.

Todas estas oportunidades de la vida cotidiana te permiten recibir información que se encuentra en cada uno de los eventos los cuales si tú lo eliges te ayudarán a complementar tu visión. Incluso es posible obtener información de extraños que generalmente llegan a tu vida por un instante y te comparten algo para tu beneficio. Al tener un propósito claro en tu visión hará que todo valga la pena y que disfrutes y aprecies la vida plenamente, así como llega a ti.

En el transcurso del día, si eliges permanecer conectado en el momento presente y estar alerta para reconocer que todo evento es importante para tú visión (puesto que todo está conectado de cierta manera), podrás empezar a reconocer que cada persona, cada evento están conectados a la misión de tu vida y que están trabajando para servir a este mundo a través de tus pensamientos y cada una de tus acciones. Es tu tarea descifrar y ver de qué manera todo está conectado, o ver como se relaciona con tu historia y tú propio viaje mientras trabajas para convertirte en tu visión.

¿De qué manera la persona que trabaja en la gasolinera puede estar relacionada con el Doctor que va tarde a su cirugía? ¿Cómo una persona sin hogar que te pide dinero para comer se relaciona con un Gimnasta Olímpico? La lista puede seguir y seguir y es así que de esta manera cualquier cosa y todo se relaciona contigo, puedes elegir verlo como una oportunidad para reconectarte con tu visión o puedes elegir verlo y dejarlo pasar, lo que significa en una manera alterna simplemente ignorarlo. Una de las opciones te acerca a tu visión y la otra opción te recuerda que estás simplemente desconectado al momento, ignorando y perdiendo información obvia que estabas destinado a recibir. Reconoce que el universo siempre cuenta contigo para que te conviertas en la mejor versión de ti mismo a través del logro y de vivir tu visión.

¿Puede Mi Visión Revelar Mis Talentos?

Por un momento, juguemos con la idea de que las visiones mágicamente exponen tus talentos. Si lees atentamente y aceptas este concepto, tu visión se basará únicamente en talentos que sabes que tienes y sorprendentemente se expondrán o saldrán a la luz los talentos que aún no has descubierto. Algunos talentos, como ser capaz de dibujar hermosas imágenes, pueden parecerte uno de esos talentos dados por Dios con los que sencillamente naciste; es fácil poder reconocerlo si lo comparas con alguien que no tiene la habilidad de dibujar. En cualquiera de estos casos, por elección propia, puedes desarrollar la capacidad de dibujar o de tener muchas otras habilidades consideradas por muchos como talentos con los que has nacido. Estas habilidades o talentos, por ejemplo: artista, bailarín, músico o cantante, pueden ser practicados y perfeccionados a través del tiempo y la práctica. Si naciste con una voz para cantar y jamás has practicado, puede ser que no te conviertas en un cantante reconocido.

Con esta explicación, estás listo para comprender que un súper poder y un verdadero talento el cual compartes con los demás, es la capacidad de soñar, de desarrollar y crear una visión. Tu visión te permitirá centrarte en tus habilidades y serás capaz de perfeccionar los talentos no desarrollados hasta el punto de que sean considerados como dones dados por Dios desde tu nacimiento. Es importante que tomes la decisión de soñar en grande, ser más ambicioso y establecer metas más altas; la importancia reside en que logres tus objetivos y que te conviertas en tu visión sin que tengas la necesidad de comparar tus sueños o tus objetivos con los sueños de los demás. ¿Cuáles son algunos de los talentos que puedes reconocer hoy y que sabes que dominas en las distintas áreas de tu vida? ¿Será la capacidad de cantar, escribir, ayudar a los demás, encontrar soluciones, leer y memorizar, correr rápido, saltar alto, inventar, bailar, ver oportunidades o saber soñar? ¿Cuál es la lista de talentos que sabes que posees? Ahora, ¿puedo invitarte a descubrir algunos talentos ocultos? Si estás listo para este desafío, una de las muchas maneras de descubrir algunos talentos ocultos es diciendo SÍ más a menudo, soñando y permitiéndote imaginar en lo que te gustaría convertirte. Un claro indicador de si te estás dando la oportunidad de descubrir talentos ocultos, está directamente relacionado con tu capacidad para superar cualquier miedo y aprender a decir SI a las oportunidades.

De hecho, para aprovechar las oportunidades debes aprender a decir *"Si"* y estar abierto a vivir experiencias nuevas. Así que, di SI y asiste a esa escuela nueva; di SI y conversa con seguridad con algún extraño si sientes que tienes algo para compartirle; di SÍ y únete a ese equipo nuevo o grupo que te interesa y evita buscar millones de razones para no hacerlo, simplemente dile "Si" a la vida.

¿Cómo sería tu vida con un talento recién descubierto y con uno ya desarrollado? ¿Cuál sería una de las cosas nuevas que pudieras ser capaz de lograr si descubrieras nuevos talentos y los pudieras utilizar para complementar las habilidades que ya tienes? Si existen cosas en tu historia o de tu visión acerca de quién eres o quien quieres ser, que por el momento te parecen imposibles de conquistar, dentro de ellas existe la posibilidad de que descubras muchos talentos que sin saberlo posees y que ansiosamente esperan a ser descubiertos por ti. Por esta razón, la próxima vez que una oportunidad se presente ante tu puerta, elige aceptarla y vívete esa experiencia como parte importante de tu visión; y como una nueva oportunidad para revelar y desarrollar nuevos talentos que serán parte de su arsenal y tu caja de herramientas.

Tu Visión te conecta a las Necesidades del Mundo

Tener tu propia visión y trabajar para convertirte en una mejor versión de ti mismo te conecta con retos reales, personas reales y, por lo tanto, oportunidades reales para hacer una verdadera diferencia en cualquier cosa que elijas. Walt Disney soñó y visualizó un lugar mágico donde la gente podría disfrutar un mundo de fantasía, lleno de magia y aventuras; gracias a su visión, hoy existe Disneylandia. Jorge Herman (Babe Ruth), estableció muchos records de Béisbol en Bateo y lanzamiento y es considerado el mejor jugador de béisbol de todos los tiempos y un héroe americano. Logró todo esto mediante la toma de oportunidades y de tener y permanecer con su verdadera pasión y visión.

La vida se entiende mejor cuando compartimos el sentido común de responsabilidad para crear una mejor manera de vivir. En el caso de los Doctores, ellos comparten la responsabilidad del cuidado físico y emocional de la humanidad. En el caso de los Sacerdotes y los Rabinos, ellos se ocupan del bienestar espiritual de cada ciudadano del mundo. El chofer de un camión tiene la responsabilidad de transportar a sus pasajeros de una manera segura hacia su destino.

De la misma manera, un granjero se ocupa de cosechar alimentos saludables que nutran nuestro cuerpo, los maestros tienen la responsabilidad del progreso de aprendizaje de los estudiantes y las Amas de casa proveen un ambiente seguro y atienden las necesidades de sus hijos. Todos los seres vivos son parte de la gran película y de la idea de una mejor manera de vivir en el mundo en amor y paz. Para que el mundo sea una mejor versión, así como lo visualizas en tu mente y lo sientes en tu corazón, debes reconocer cada una de sus necesidades, elegir algunas y dirigirlas a través de tus pensamientos y de tus acciones, reconociendo todas las oportunidades y así satisfacer las necesidades.

Si tu visión es convertirte en un veterinario que cuide a todo el reino animal, permítete ser la mejor versión de ti mismo e imagina las formas creativas de convertirte en el mejor veterinario que el mundo conozca. Haz tu visión una prioridad; permite que se conecte a todo lo que te rodea a medida que la integras correctamente con las tendencias y los tiempos actuales. Y lo más importante, identifica las necesidades actuales del mundo que está en constante evolución de la manera que mejor complemente tus sueños y tu visión.

En un pedazo de papel, anota tus respuestas honestamente a estas dos preguntas sencillas y deja que tu visión empiece a surgir.

1. ¿Si no hubiera limites, quien sería yo?

2. ¿Si pudiera tenerlo todo para mejorar el mundo, que pediría o desearía tener, ser o compartir?

Agrega tus respuestas detalladas a las dos previas preguntas para que sean parte de tu visión.

Tu Visión Salvará Tu Vida Una y Otra Vez

Si de niño alguna vez te perdiste en una multitud y antes de encontrar a tus padres o tutores, tuviste la sensación de estar completamente perdido y solo tenías un pensamiento en tu mente: "Debo encontrar a mis padres para estar a salvo bajo su cuidado".

"Hoy, en éste mismo momento, sin importar tu edad, toma todo lo que tienes, todo lo que eres y deja que todo se vaya de ti". Di sí y abandona por un momento tus ideales, tus creencias y conviértete en alguien completamente diferente que nadie en tu familia reconozca.

Una vez que estés ahí mental y emocionalmente, que conectes con la nueva versión de ti mismo y te encuentres sin identidad, piensa en ese regalo que sabes que tienes para entregarle al mundo antes de irte. ¿Qué piensas sobre eso? ¿Será la cura del cáncer? ¿Será el regalo de construir casas para los invidentes? ¿Será convertirte en el nadador más rápido y ganar medalla de Oro en las Olimpiadas? ¿Sería convertirte en arquitecto y con tu experiencia darles forma a tus ideas? ¿Habrá acaso en ti un mensaje importante el cual el mundo no puede vivir sin saberlo? ¿Es este mensaje tan poderoso que te paraliza y sientes miedo con el solo hecho de pensar en ponerlo en práctica? ¿El mensaje y los sentimientos son tan reales que te asustan? O Acaso, ¿Es tan poderoso que sabes quién deberías ser? A esto se le llama tener una visión y si le permites vivir libremente en ti, puede guiarte en donde quiera que te encuentres y te sientas perdido. Tu visión puede curarte y salvarte donde sea que tu estés, en el momento que decidas verlo y sentirlo como parte integral de ti.

Los héroes de la guerra dan crédito a sus familias de sus fuertes visiones de volver de la guerra porque simplemente se visualizaron trabajando en un propósito mayor y sentían dentro de sus corazones que el mundo simplemente no podía vivir sin que ellos completaran o terminaran esa misión. Madres que sobrevivieron de inexplicables accidentes mortales debido a su fortaleza para cumplir con su papel de madres y ver a sus hijos crecer y convertirse en ejemplares prósperos y ciudadanos responsables. En los pacientes con enfermedades, como en el caso de muchos sobrevivientes de cáncer que contra todas las probabilidades milagrosamente vencen sus enfermedades, a menudo afirman que se han visualizado en el futuro, plenamente inmersos y comprometidos a la realización de una tarea específica que todavía no ha sido realizada por nadie más. Sentían que todavía había algo en ellos que debían entregar al mundo, sentían en sus corazones que esa tarea pendiente o proyecto cambiaría el mundo en una manera positiva. Esto simplemente se traduce como tener una visión y permitirle que te salve.

En la película, Lion, Saroo de cinco años de edad, se pierde en un tren a miles de kilómetros de distancia de su familia. Con tan solo cinco años de edad, instintivamente aprende a sobrevivir y llega a la edad adulta con muchos recuerdos poderosos de su familia y una fuerte determinación de encontrar a su madre y a su hermano. Él se mantiene con el fuerte deseo de reunirse con ellos algún día. Su poderosa visión, su fortaleza y su fe en el proceso de la vida, le permitieron lograrlo. Entre muchas cosas que Saroo visualizó, imaginó sobrevivir y algún día estar con su familia. Su visión le salvó la vida.

Date la oportunidad de alejarte de quien eres normalmente y permite que tu visión te lleve a lugares donde sabes y tu corazón siente que perteneces. Di Si; y permítele a tu ser ir a ese lugar único en tu mente el cual pudiste haber olvidado durante el proceso de vivir una vida estructurada y guiada por los demás en lugar de ser guiada por tu visión.

¿De qué formo parte?

Estás aquí para ser feliz y compartir tus talentos, tu amor y tu visión. Eres parte de una gran familia de visionarios en tu comunidad, tu ciudad, tu estado y tu país. Tú, junto con todos los demás, formas el mundo entero. Hoy, el mundo parece más pequeño que nunca, ya que la tecnología te ha conectado con todos los demás y constantemente eres informado de todo lo que está ocurriendo en el mundo. Por lo tanto, en estos tiempos, tienes la gran oportunidad de ver de qué manera tus pensamientos, tus acciones y el estar viviendo tu visión, pueden estar influyendo positivamente todo a tu alrededor. El iPhone, en el tiempo que fue inventado por Steve Jobs y debidamente desarrollado, fabricado y distribuido por su empresa Apple, es un gran ejemplo de cómo la visión y la idea de alguien pueden convertirse en un gran beneficio para ti en la forma en la que manejas tus tareas diarias y en la manera en la que puedes comunicarte con otros países al instante. El iPhone es un claro ejemplo moderno de cómo una visión llevada a cabo puede contribuir positivamente al mundo.

Verdaderamente estás conectado con todos los demás y puedes tener la certeza de que tener visión y vivirla con gran intención, es un proceso divertido y emocionante donde tus acciones eventualmente le darán forma al mundo de una manera positiva. Si comienzas a hacer una lista de todas las personas que te han ayudado a través de tu camino, estarías impresionado al darte cuenta de cuantas personas lo han hecho directa e indirectamente sin que tú lo supieras. Haz tu lista lo más atrás posible; te reto que incluyas en tu lista de "Dar Gracias" a la mayor cantidad de personas en las que puedas pensar e investiga todo sobre esas personas.

¿Referente al hecho de que hayas nacido, inmediatamente puedes pensar en agradecerle a tus padres, cierto? ¿Piensa más profundamente…que tal a tus abuelos o a tus bisabuelos? Sin ellos, tu no estarías aquí. ¿Pensemos aún más inteligentemente, que tal agradecerle al Doctor que te trajo a este mundo? Conoces su nombre? ¿O a los padres y maestros de ese Doctor que lo motivaron a estudiar y a graduarse de la escuela de medicina? ¿Qué tal la persona que contrató a ese Doctor para que trabajara en el hospital y estuviera ahí el día que naciste? Piensa aún más atrás; ¿y qué tal el mecánico que mantenía y cuidaba el carro del Doctor para que manejara sin contratiempos al hospital el día que naciste? ¿Y los Ingenieros que diseñaron ese carro o los trabajadores que lo ensamblaron, el banco que financió el préstamo o el vendedor de la agencia que le ayudó al Doctor a elegir el carro que manejaba el día que naciste? En realidad, sí estas conectado con muchas personas; y solo te toma un poco de tiempo para que te des cuenta de que millones de personas tuvieron que ver con tu nacimiento. ¿Incluso el simple hecho de estar leyendo este libro en este preciso momento, cuantas personas son responsables de que tú puedas leer, podrías mencionar al menos 10 personas? Cuando te quedes corto con las personas, piensa en los egipcios, los griegos y los fenicios que tuvieron mucho que ver con la elaboración del alfabeto que hoy puedes leer.

Haz este ejercicio por lo menos una vez al mes o tan seguido como lo sientas necesario. Cada día tómate el tiempo de reconocer que muchas personas le han dado forma a tu vida directa e indirectamente y a pesar de que está fuera de tu control, han contribuido a que te conviertas y que seas la persona que eres el día de hoy. Mejor aún, agradece que el día de hoy sin ningún esfuerzo tú logras apoyar a darle forma a muchas vidas y avanzar muchas de las visiones tan solo con estar vivo. Date la oportunidad de ponerte al día y vivir en el presente y agradece a las personas que te han ayudado a avanzar tu vida. ¿Quién sería esa persona? ¿Tu esposa haciéndote el desayuno? ¿O tal vez tu hijo quien te muestra una actitud de confianza hacia a ti como madre o como padre? Tal vez el hombre sin hogar parado en la esquina con un letrero que dice: "Necesito un Milagro, Dios te bendice" O quizás el conductor que se te atravesó y te obligó a reducir la velocidad, lo que te permite recordar que la vida no corre tan rápido y que conducir con seguridad es una buena manera de permitirle a otros que mantengan su visión.

Mantente presente en el momento y piensa por un momento: ¿Quién vendrá a tu vida el día de hoy para recordarte que una visión fuerte, poderosa y vívida vive dentro de ti? ¿Estarías abierto y dispuesto a recibir la información, agradecerles mientras reconoces que estás consiente y felizmente viviendo una vida llena de propósito? Atrévete y di *"Si"*.

Desafíate a hacer lo que te hace feliz cada día. Es fácil distinguir cuando una persona tiene una vida llena de sentido y vive cada día con un propósito significativo en su mente. La idea general es que sepas reconocer las necesidades del mundo para que moldees tu visión apropiadamente. Entonces, vives tu visión y reconoces la importancia de dejar que tus propios sueños te guíen a través de tu viaje y como resultado, tu visión te salva y te mantiene en el camino cuando te sientas perdido.

Tienes el derecho de sentirte como un héroe mientras vives tu visión exactamente cómo tú la visualizas. Tú, como tu visión, han creado y siguen formando este enorme rompecabezas mundial de la manera necesaria para estar completo. Vive tu visión con fe, felicidad y con un gran propósito sabiendo que estás participando en las visiones y las vidas de otras personas.

Capítulo 5
Confía que tu Visión Te Guía

Metas Claras para Permanecer en mi Camino

En este momento ya tienes un propósito claro en tu vida y sin que te des cuenta tu propósito está actuando como tu guía personal. Hasta ahora, la información en los capítulos anteriores te ha permitido aprender sobre la importancia de identificar y definir metas a corto y a largo plazo. Por ejemplo, si tu visión es convertirte en un piloto aviador para ayudar a que las personas enfermas obtengan tratamiento médico apropiado, una de tus metas a corto plazo podría ser aprender sobre los requerimientos básicos para volar un avión y cuáles son las organizaciones que asisten a los necesitados. Una meta a largo plazo podría ser que al tener la edad apropiada te inscribas en una escuela de aviación para que obtengas los entrenamientos requeridos, la licencia y la experiencia volando aviones. Si investigas un poco más podrías encontrar alguna asociación de pilotos voluntarios sin fines de lucro que provee transportación aérea a personas que necesitan tratamiento médico. De hecho, existe una asociación llamada: Air Charity Network (ACN). Tener una meta clara y definida de tu visión te ayudara a sentirte motivado y a mantenerte en el curso. Si tu sueño es convertirte en un piloto que vuela por todo el mundo para que las personas obtengan tratamiento médico, es muy importante, para que logres permanecer motivado, que visualices a todas esas personas que van a salvarse y a beneficiarse con el logro de tu visión. Imagina la cantidad de familias que vas a poder ayudar y a las cuales les llevarás paz y amor a sus corazones manteniendo en ellos la esperanza de vivir, de sanar y tener una vida plena. Eventualmente a medida que empiezas a vivir tu visión, experimentarás altas y bajas sin embargo tu propósito principal siempre te mantendrá con energía para que estés enfocado y que te mantengas en el camino.

Comparte tus Sueños, Planes y tu Visión con Otros

Uno de los tantos beneficios que puedes obtener al pensar conscientemente sobre tu visión es la emoción y la sensación de aventura que envías al mundo cada vez que compartes con los demás. Te preguntarás, ¿Por qué platicar y compartir los planes de mi vida con los demás? Compartir y hablar con los demás sobre tus sueños y cómo los estas llevando a cabo, hace que tus sueños sean más creíbles. Entre más platiques de tus sueños con las personas, más será la urgencia de expresar y de compartir los planes más profundos sobre tu visión; y entre más sientas que tus sueños son verdaderos, eventualmente serán una realidad. Otro beneficio es que al compartir ésta gran visión de una manera tan real y honesta, las personas que te escuchan compartirán contigo cierta información que será relevante y te acercará a tu visión. Esta es una excelente oportunidad de reconocer que todo está conectado y que todas las personas que llegan a tu vida compartirán algo significativo contigo. Compartir tu visión es una manera poderosa de conectar con otras personas y una oportunidad única de intercambiar el regalo al compartir tus más grandes sueños que complementan tu visión, de algún modo el no compartir abiertamente tus sueños y permanecer en silencio te separa de la experiencia de conectar con los demás. Cuantas veces has experimentado al compartir con alguna persona algo como: "Yo fui a la Preparatoria CEN en Los Mochis" y esa persona te dice algo como, "Mi hermana está casada con el mejor jugador de futbol de todos los tiempos quien se graduó y es hoy día mi vecino. De pronto sabes de quien te hablan y sientes que ya conoces a esta persona que acabas de conocer por el simple hecho de que tienen algo y un conocido en común.

En muchas ocasiones alguien te arrojará una información o sabrá algo que complementará tus metas y te ayudará avanzar tu vida y te acercará a tu meta. Tal vez tienes la esperanza de obtener una beca escolar para asistir a una Universidad de prestigio, has intentado todo para obtenerla sin ningún resultado positivo, entonces, conoces a alguien que conoce al presidente de la junta de toma de decisiones y te comenta sobre una oportunidad de someter tu solicitud directamente, lo haces y descubres que lo has logrado. Al compartir tus planes y permitirles confiadamente a las personas que comprendan el significado de tus sueños, tu propósito en la vida te abrirá muchas puertas y oportunidades que te permitirán complementar, manejar y ajustar tus planes como sea necesario.

Estoy seguro de que has compartido con muchas personas e incluso con extraños, alguna de tus vacaciones o experiencias y hasta les has mostrado fotografías de tu viaje y al hacerlo estas tan emocionado que la persona que te escucha está también emocionada y desea vacacionar y conocer todos los detalles sobre tu experiencia como, por ejemplo: ¡como estuvo tu viaje, de donde volaste, en que hotel te hospedaste y si sabes de algún paquete o promoción que pueda investigar! Quizá ésta persona tuvo la misma experiencia que tú, tal vez tiene información importante sobre lugares especiales o conoce a alguien que podría hacer que tu viaje sea más placentero. Compartir con las personas es siempre positivo y tiene el propósito principal de mejorar las cosas en todos los aspectos de la vida.

Compartir tu visión detalladamente y con intención hará que las personas siempre busquen la manera de apoyarte en la realización de tu sueño, entre más compartas, mas estarán dispuestos a buscar la forma de hacerlo. La necesidad de ayudar a los demás está en tu ADN y en el de cada ser humano, incluso, hasta por impulso las personas querrán guiarte y ayudarte compartiendo algún consejo y sus puntos de vista hacia la dirección correcta. Ser impecable con tu palabra, hablar claramente y visualizar exactamente lo que quieres lograr provocará que el universo ponga a las personas y los eventos correctos frente a ti para tu beneficio. La siguiente oportunidad que tengas, comparte con las personas abierta y honestamente y observa lo que sucede mientras recibes información.

Planificar y Programar para Lograr tu Visión

Ahora que ya estás abierto a compartir tu visión y a recibir información, ¿Que harás con la información que recibas de las personas? De la misma manera en la que planeas tus rutinas diarias y sigues un calendario en tu escuela o en tu trabajo, también puedes planear y programar la manera en la que llegarás a tu visión. ¡Te podrás estar preguntando si vas a requerir programar tu vida entera para así convertirte en tu visión y la respuesta es Sí! Sin embargo, vas a planearlo de una manera divertida, creativa, flexible y que te motive. Sin tu saberlo y sin darte cuenta, en este momento ya estas planeando tu visión y has recibido información de tus padres, amigos, maestros, la televisión, de todo y todas las personas que te rodean. Así que, de alguna manera, planearemos y programaremos las cosas conscientemente de hoy en adelante, ya que hayas identificado tus sueños los pondremos en acción para que llegues a tu destino, en este caso, tu visión.

Habiendo dicho esto, elaborar un plan desde donde estás el día de hoy, hasta donde te veas convertido en tu visión en el futuro, es una manera muy efectiva de poner por escrito información básica para alcanzar tu visión. Por debajo encontrarás unos pasos muy fáciles para ayudarte a identificar actividades, que reconozcas algunos requisitos para que los pongas en una línea recta y les asignes una fecha tentativa para que completes tus tareas.

1. Escribe tu visión en el extremo derecho de una hoja de papel.

2. *Pregúntate a ti mismo, ¿En dónde me encuentro en este momento? Si asistes a la escuela, ¿En qué grado?, Si trabajas, ¿Cuál es mi trabajo y que hago en él? Si estas jubilado, ¿Cómo utilizas tu tiempo? Escribe tus respuestas en la parte derecha de la hoja.*

3. *El espacio entre los recuadros A, B y C es el área que requieren investigación, planificación y programación.*

Observa por debajo la gráfica sencilla de alguien que su visión es ser Arquitecto.

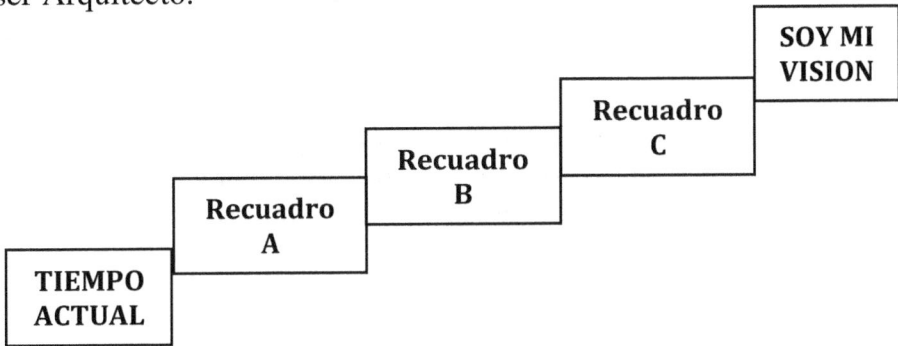

La grafica anterior, en este caso, solo incluye 3 recuadros delimitados entre la fecha del día de hoy y una fecha en el futuro que muestra una visión de ser arquitecto. Definamos la información que cada recuadro podría tener.

Recuadro A: Dado que el estudiante en la fecha actual el año 2017 cursa 3ro de Secundaria, la información del recuadro A se refiere a la meta de terminar y graduarse satisfactoriamente de la Preparatoria con un promedio de calificación de 9.5 o más alto, el de trabajar durante el verano en actividades relacionadas a la arquitectura o quizá trabajar en la oficina de una firma de arquitectos. En términos de tiempo este recuadro tiene por lo menos un poco más de 3 años, así que el estudiante dado que cursa 3er de secundaria la fecha que tendrá este recuadro será 2020. La actividad final de esta caja tendrá algunas actividades directamente relacionadas con el recuadro B. Por lo tanto, algunas actividades importantes pueden incluir la investigación de oportunidades para la universidad, solicitar una beca y visitar algunas universidades para que de primera mano experimentar como seria asistir a la universidad.

Recuadro B: Iniciará en el año 2020 si has elegido asistir a una carrera de 5 años de Arquitectura, entonces la fecha que tendrá este recuadro es el año 2025. Durante los 5 años en la Universidad, sucederán muchas actividades tal como ser pasante de Arquitecto o la oportunidad de trabajar en proyectos reales. Durante este tiempo tu conocimiento acerca de tu visión se expandirá a niveles más altos y si tu misión en la vida es trabajar en ciertos sectores y áreas específicas sería conveniente que utilizaras tu tiempo en esas áreas específicas. Por ejemplo, en algunos estados puedes convertirte en arquitecto después de haber trabajado en una firma por 10 años y al completar los exámenes de matrícula de registro requeridos por la junta técnica de inscripción. Esta última tarea puede estar también en la casilla A. Así que la casilla B, girará en torno de obtener un trabajo seguro con un Arquitecto Certificado.

Recuadro C: Es muy probable que esta meta inicie en el año 2026 y girará en torno a la práctica real de arquitectura y en obtener la Licencia. Incluso podrías empezar a ahorrar dinero para iniciar tu propia firma de arquitectos o también para empezar a desarrollar tu propio proyecto en el área que elegiste como parte de tu visión.

Muy a menudo, durante el proceso entre "el inicio" y "la meta final" tu visión estará constantemente evolucionando con un significado nuevo para el beneficio del mundo. Tu visión, que ya has definido con la varita mágica ahora puedes ponerla en acción. Los recuadros A, B y C fueron el camino que te permitió llegar a ser un arquitecto y tu sueño de ayudar a los demás y el mundo ya es un hecho, a través de una educación sólida y de la experiencia útil; también al ser una persona madura, segura y decisiva que está en control de su destino. En este caso, la visión de convertirte en arquitecto para ayudar a tu comunidad, a tu ciudad, a tu estado y a tu país es de gran beneficio para el mundo entero.

Planificar y programar tu visión puede ser muy divertido; el proceso de la investigación y del aprendizaje una vez que los conectas a un propósito real siempre te llena de energía y es extremadamente satisfactorio. Puedes iniciar tu planeación a cualquier edad o en cualquier etapa de tu vida. Desde los 8 y los 72 años de edad puedes buscar y obtener ayuda para la programación de tu visión. Por consiguiente, comenzar a planear y programar tu visión en este momento, es el tiempo perfecto para ti; Leer este libro y trabajar conscientemente en tu visión, pasó en el momento y en el tiempo perfecto en tu vida por una razón divina. La planeación te provee de información básica como tareas, fechas y requisitos para que termines ciertas metas definidas.

Si, si tú eres ese arquitecto y tu misión es diseñar casas eficientes y económicas para los menos afortunados, investiga e inscríbete en un programa que se dedique a construir casas para las comunidades necesitadas o para los países tercermundistas. Sumérgete en tu misión y comprende por medio de la experiencia lo que se requiere para que hagas un mejor y más eficiente trabajo y que cubras una necesidad de una manera positiva viviendo tus sueños y siendo tu visión.

¿Qué sucede si la vida se Interpone en mi Visión?

La planificación para reconocer y dirigir tiempos adversos puede ser una tarea que rara vez incluimos en nuestros planes diarios. Ya que es difícil encontrar una solución a un desafío que aún no ha llegado, es extremadamente importante afrontar la vida tal como se te presenta y que encuentres soluciones para las condiciones imprevistas. En momentos podrías estar en tu zona cómoda y será más fácil encontrar excusas, que tomar acción y avanzar. Si ese tiempo llega y toca a tu puerta, tienes el derecho de tomarte una pausa para reconectar con lo que es importante para ti. Algunas veces esa pausa significará que estás claro sobre alguna situación que no has sabido manejar de una manera positiva o productiva.

La vida está llena de información y es tu responsabilidad aprender a reconocer e interpretarla de una manera que sea beneficiosa para ti y para tu visión. Hacer una pausa durante tiempos difíciles o incluso en tiempos llenos de dudas y sentimientos negativos es una forma de confiar en la vida. Es una manera de decirle al universo que lo has entendido y que estás dispuesto a dejar ir tu constante deseo de controlar todo en tu día. Anteriormente, mencionamos la importancia de tener un horario, sin embargo, si la vida te presenta una oportunidad que difiere de tu horario establecido y eres capaz de reconocer que esa oportunidad se relaciona directamente con la misión de tu vida, abre tu corazón, recíbela con gratitud y aplícala al calendario de tu visión. La vida es muy simple una vez que la dejas fluir y la aceptas como es. Con cada evento en la vida, viene la gran oportunidad de crecer y estar en sintonía con tu visión. Aprende a incorporar eventos y conectarlos con tus sueños y a tu visión, incluso si no tienes ninguna pista o explicación clara de cómo encajan, simplemente declara que confías en la vida de la manera en la que llegan a ti y que en tu corazón crees que todo en tu vida tiene una razón de ser y que todo es para avanzar la misión de tu vida. Poderosas afirmaciones como las mencionadas anteriormente, son una manera muy efectiva de creer, que siempre estás en el lugar correcto, en el tiempo indicado y que todo está conectado y está trabajando para tu más alto beneficio.

Una vez que te encuentres en una merecida pausa, puedes optar por cambiar tu energía y tu enfoque hacia actividades positivas, al hacerlo, has elegido una manera muy efectiva de confiar en la vida y puedes continuar avanzando lentamente hacia tu camino. Trabajar como voluntario, ayudar a otros y servir a tu comunidad para mejorar la vida de los demás es energía sabiamente utilizada. Ofrecer tu tiempo y compartir un día, una semana o incluso un mes, trabajando para una buena causa, es una forma productiva de devolver a los demás haciendo espacio en tu corazón mientras compartes quien eres sirviendo a tu comunidad. Cree y siente que este tipo de trabajo es una parte importante de tu propia visión y que es el viaje que estás dispuesto a recorrer. A su debido tiempo, lograrás ver cómo otras personas te ofrecen su tiempo, energía y esfuerzos para ayudarte en tu viaje y para que te conviertas en tu visión. Te recomiendo que hagas un espacio en tu día para que veas la película "Cadena de Favores". Esta película te conectará con el concepto de dar y recibir y con la importancia de estar dispuesto a hacer una pausa para ayudar a los demás al mismo tiempo que te ayudas a ti mismo. Aprender a utilizar tu energía y tu tiempo eficientemente, es una excelente herramienta para crear balance en tu vida.

Capítulo 6
Creando Balance

¿Cuánto Tiempo Tienes en Tu Día?

Hasta este punto, estarás de acuerdo que programar y planificar tus tareas es una excelente manera de hacer mejor uso de tu tiempo. Desde el momento en que despiertas, hasta el momento en que te vas a la cama, tu día está lleno de diversas actividades y tareas las cuales es importante que realices para darle dirección a tu vida. Existen por supuesto retos y eventos imprevistos que pueden surgir durante el día y que requieran tu atención inmediata los cuales podrían necesitar una gran cantidad de tu energía y tiempo para que las lleves a cabo apropiadamente. Puedes estar seguro de que siempre hay algo por ahí que va a surgir y de lo cual no tienes idea, estos sucesos siempre aparecen sin invitación y por lo general en el momento menos apropiado. Por lo tanto, con todas las cosas que tienes que hacer durante el día, más los eventos inesperados, esfuérzate y haz lo mejor que puedas para acomodar todo lo que sucede desde el momento en que despiertas y cuando te vas a tu cama de manera eficiente y productiva.

Usualmente esto significa que tienes entre 14 y 16 horas para hacerte cargo de todo, si acostumbras a dormir entre 8 horas o quizás hasta 10 horas al día; El propósito de esta información es que logres darte cuenta de que el tiempo que tienes en tu día es limitado, aprender a distribuirlo entre las cosas que importan puede marcar la diferencia en que tan eficientemente utilizas tu tiempo. Comprender las prioridades y aprender a categorizar las actividades del día es una excelente manera de utilizar el tiempo más eficientemente. Priorizar y asignar tiempo a cada tarea es el primer paso que debes tomar hacia la creación del balance de tu día y eventualmente en tu vida. Por ejemplo, tan pronto como despiertes, pasas una hora viendo las noticias matutinas, las ves mientras desayunas, al manejar rumbo a tu trabajo continúas escuchando las noticias por la radio, en horas de trabajo ves más noticias en tu teléfono, a la hora del almuerzo, después llegas a casa, cenas, ves tú programa favorito en la televisión, muy pronto te darás cuenta de que probablemente inviertes entre 3 y 5 horas diarias viendo televisión.

Tener actividades significativas y bien planeadas que van desde tiempo para ti mismo, cocinar y comer saludablemente, tener un trabajo eficiente y productivo, alguna forma de ejercicio, así como meditar o leer un buen libro para enriquecer tu vida, es una excelente manera de distribuir el tiempo en cualquier día. Si antes de que termine tu día, al acostarte, te tomas el tiempo de hacer una planificación mental que te preparará para el siguiente día, tu día será más fácil.

Es posible que no estés utilizando tu tiempo eficientemente e incluso puedes darte cuenta de cuánto tiempo estás desperdiciando durante el día. Digamos que un promedio de 1.5 horas al día no las tomas en cuenta, para cuando tengas 65 años habrás desperdiciado 35,588 horas o 1,483 días lo que significa 4 años de tu vida que se fueron sin lograr algún beneficio. Imagina en este momento que haces una decisión consciente y que empiezas a priorizar tareas, balancear y categorizar actividades asignando tiempo a cada una de ellas y avanzas trabajando en todas las áreas de tu vida que has identificado como importantes a completar; ¿Es un tiempo utilizado correctamente?

¿Cómo serías tú y tu vida, si balancearas todos los días las actividades y reconocieras las áreas importantes de tu vida? Puedes estar seguro de que al hacerlo, te sentirás muy bien, porque te darás cuenta que el tiempo limitado que tienes durante el día lo estas utilizando eficientemente. Mejor aún, al haber manejado y planificado satisfactoriamente todos tus días y tu tiempo durante 90 días, esto se convertirá en una manera de ser y en un nuevo hábito en tu vida. Así que, usar tu tiempo más eficientemente se convertirá eventualmente en tu segunda naturaleza.

Tu Energía en un Vaso con Agua

Te invito a que pienses en un vaso con agua el cual puede ser llenado solamente una vez al día. Esa agua la puedes utilizar de la manera que tu elijas en 8 plantas distintas que tienes. Cada planta tiene su propia maceta y la cantidad de agua que usas en cada una de ellas les permitirá crecer y mantenerse vivas. Ahora, vamos a asumir que elegiste regar una sola planta (la que sientes es más bonita, la que huele más bonito y simplemente es tu favorita) y le pones toda el agua que dispones. Pronto notaras que le estas poniendo demasiada agua a esa planta, porque empezará a ahogarse y eventualmente morirá. Debido a que pusiste toda el agua en una sola planta, las otras 7 plantas también van a ser afectadas porque no les diste la porción diaria de agua que necesitaban para crecer y mantenerse vivas.

No importa que combinación elijas al regar tus plantas (regar 6 e ignorar 2, regar 4 e ignorar 4 o regar 7 e ignorar 1) el resultado siempre será el mismo; si las 8 plantas no reciben la cantidad de agua necesaria al día, morirán.

Ahora, cambiemos algunas cosas y pensemos que el agua es la cantidad de energía que tienes cada día. Piensa que las plantas son todas las actividades y tareas que debes completar cualquier día, semana, mes o incluso en un año. Esas actividades en las que no invertiste energía ni tiempo jamás serán terminadas o simplemente morirán como en el ejemplo de las plantas. La energía con la que cuentas durante el día es limitada, aprender donde utilizar tu energía y cuanta usar en cada tarea específica es una excelente herramienta que puedes tener en cuenta, para que logres balancear tu vida.

Pensar en tu día y combinar tus actividades diarias con la cantidad de energía que tienes es una manera muy efectiva de aumentar las posibilidades de que todas las tareas y actividades que elegiste como importantes sean completadas. Si estas poniendo demasiada energía a una sola actividad y tus actividades diarias te dejen agotado al terminar el día y solo quieres dormir, lo más probable es que algunas tareas queden incompletas. ¿Comprendes por que las bebidas que proporcionan energía son tan populares estos días? Dicen aumentar tu energía para que termines más cosas durante el día.

Regresando a la analogía de las plantas, es como decir: "Aquí tienes una bebida energética que hará que el agua limitada que tienes para tus plantas se extienda y te dure más tiempo".
Se inteligente, nutre tu cuerpo, tu mente y tu alma comiendo sanamente, durmiendo bien, pensando positivamente y mediante el manejo eficaz de la cantidad de energía que tienes durante el día, de esta manera fácilmente evitaras cualquier deseo de consumir bebidas energéticas. La cantidad de energía en tu cuerpo es generada por un estilo de vida saludable y jamás por una bebida que promete energía y que está compuesta de ingredientes químicos creados en un laboratorio. Recuerda priorizar y programar tus tareas para que conserves la energía que tienes durante el día. La cantidad de energía varía de persona a persona; es común encontrarnos con personas de 80 años con niveles de energía increíbles y al mismo tiempo es fácil encontrar a jóvenes de 21 años con una cantidad de energía muy limitada.

Balance para Aumentar Tu Calidad de Vida

Tu nivel de energía está directamente relacionado a tu calidad de vida y corresponde a la forma en la que llevas tu vida diaria. Podrías estar programando demasiado poco durante el día y quedarte con energía al final del día o podrías también estar programando demasiadas cosas y quedarte sin energía a la mitad del día. La cantidad de tiempo en tu día y las actividades que ya has identificado como prioridades, es recomendable que tengan la misma cantidad de energía para que logres completarlas. Así que ahora, ¿cómo puedes saber si las actividades que has elegido cada día son las actividades correctas? Para responderte esta pregunta importante, harás un ejercicio rápido como se describe a

54

continuación. Obtén una hoja en blanco, toma un lápiz y haz un círculo en las 8 áreas que resuenan contigo de la lista a continuación.

o Diversión y Recreación	o Espiritualidad
o Negocios/Carrera	o Servicio Comunitario
o Familia	o Tutoría Escolar
o Amistades/ Vida Social	o Salud y Alimentación
o Amor y Romance	o Quehaceres de la casa
o Crecimiento Personal	o Dinero/Finanzas
o Planificación y Visión de la Vida	o Pasatiempos

A continuación escribe cada una de tus selecciones en la gráfica siguiente (una por cada porción)

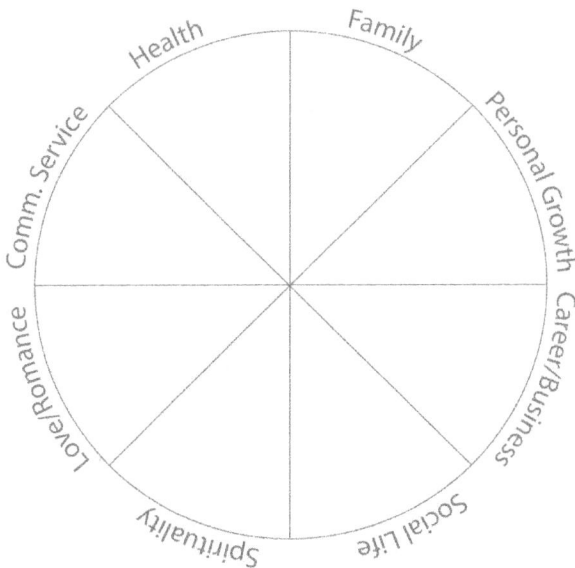

Ahora califica cada una de las áreas de 0 a 10 colocando un punto en el área correspondiente. El Cero estará en el centro del círculo y el 10 estará en la circunferencia del círculo.

Por último, une con líneas rectas todos los puntos y colorea cada porción por cada área. Si te das una puntuación perfecta en todas las áreas seleccionadas, significa que tu rueda es perfecta y entiendes claramente cómo equilibrar tu día y tu vida. Si tus resultados son diferentes en cada categoría entonces tu rueda se verá muy similar al ejemplo en la página siguiente.

Ten en cuenta que para que la rueda gire y avance sin dificultad debe estar perfectamente redonda. El área sombreada es una representación gráfica de cómo estas llevando y avanzando tu vida. Las 8 áreas que seleccionaste e identificaste en este ejercicio son las áreas que componen tu día y todas juntas completan y equilibran tu vida. Lo ideal, con el tiempo es que encuentres el tiempo para dirigir todas las 15 áreas anteriormente enumeradas de una manera que sea significativa y bien equilibrada para ti.

Descifrando El Balance De Tu Rueda

La representación gráfica de la rueda te permitirá ver fácilmente si estas poniendo demasiado tiempo en ciertas áreas y muy poco tiempo en otras. En el momento que aceptas el hecho de que tu vida está compuesta de más de un área, será más fácil comenzar a balancear tu día, tu semana y todo el año en una manera que complemente la persona que eres al tener por lo menos 8 áreas en las cuales estas constantemente trabajando y avanzando. Puede tomarte un tiempo el evaluar honestamente las áreas y conocer quien vive dentro de ti, además el ver que tan cerca estas de alcanzar tu meta mientras te calificas en cualquier área específica. Se empático contigo mismo, si sientes que estás en un 10, califícate con un diez.

En lo que se refiere a esas áreas con bajo puntaje, permítete a ti mismo evaluarlas gradualmente con el fin de subirlas a un 8 y eventualmente a un 10. Así como la planta a la que más regaste, ahora es tiempo que conscientemente riegues las demás que no han obtenido suficiente agua, es tiempo de mejorar y elevar tus puntuaciones.

En el ejemplo de la persona que pasa demasiado tiempo viendo TV durante el día, el área de diversión y recreación en su rueda de la vida con toda seguridad es más alta que un 10, porque a esta área en específica le dedica demasiado tiempo y energía. ¿Podrías hacer una lista de todas tus tareas en las cuales pasas e inviertes demasiado tiempo? Si eres un adolescente, ¿cuánto tiempo usas tu celular y los videojuegos?

Si te encuentras en tu edad adulta, quizá disfrutas socializar y buscar actividades para compartir con tus amigos y pasar un tiempo agradable. De la lista a continuación elige algunas actividades en las cuales reconoces que pasas y le inviertes demasiado tiempo. Elige honestamente todas las áreas por debajo que apliquen en tu vida el día de hoy y haz una decisión consciente de manejar mejor tu tiempo con el fin de tener un balance perfecto en tu vida comenzando desde hoy mismo.

Dite a ti mismo, "Acepto que paso demasiado tiempo en estas actividades"

Enviando Mensajes de Texto	De Fiesta con mis Amigos	Comiendo Comida Chatarra
Facebook	En Video Juegos	Leyendo
Jugando Deportes	Durmiendo	En WhatsApp
YouTube	Limpiando La Casa	Rezando
Pasando Tiempo Sin Lograr Nada Productivo	Planificando sin Tomar Acción	Criticando a los Demás
Quejándome	Ejercitando	Bebiendo Alcohol
Procrastinando	Viendo Televisión	Twitter

Una vez que hayas identificado las áreas que están robándote y consumiendo tu tiempo y energía, es la oportunidad perfecta para que encuentres nuevas áreas productivas donde puedas emplear todo ese tiempo y energía de una manera más productiva. Para agregar toda esta valiosa información a tu visión es importante mencionar que pasar demasiado tiempo en una sola área es una distracción para tu misión en la vida. Los ingredientes para tener balance, si los pudiéramos poner en una fórmula, se verían de esta manera:

Tarea Correcta + Tiempo Adecuado + Cantidad Correcta de Energía = BALANCE

El aprender a asignar la cantidad adecuada de tiempo y energía a cada una de tus actividades será cada vez más fácil para ti a medida que conscientemente vivas tus días observando tu rutina diaria y evaluando tu día al final del día. Con práctica, podrás ajustar cualquiera de estos tres factores de la fórmula para generar y lograr un balance perfecto.

Los Resultados De Tener Balance

Una vez que logras el balance, comenzarás a avanzar con fluidez, con seguridad, con alegría y manejarás tu día de una manera productiva. A medida que te conviertes en un experto, pronto notarás a las personas que son también muy eficientes en el manejo de su tiempo y tienen una vida balanceada. De la misma manera, podrás notar quienes no están usando eficientemente su tiempo y por lo tanto están ahogando a su planta al ponerle toda el agua a una sola maceta.

Tu nueva vida balanceada te permite enfocarte en las cosas que son realmente importantes para ti, así como la misión que tienes de convertirte en tu visión y en poner tus sueños en acción. Piensa en el balance como un poderoso lente que te permite ver de cerca y de lejos para que te enfoques en las cosas que decidas son importantes para ti. Este lente nuevo que ahora estas desarrollando poco a poco se convertirá en una excelente herramienta que tendrás mientras avanzas tu propio camino en la vida.

Ahora, con este lente puedes ver de cerca y evaluar cómo se ven las cosas a distancia en este momento. Este lente también lo podrías usar para ver más allá en el futuro para planear ciertas cosas con tu mente y con tu corazón abierto. Con este lente te puedes enfocar en la oportunidad que ha tocado a tu puerta la cual puedes aceptar e identificar cual área de tu vida complementa.

Ten compasión hacia a ti mismo y haz una decisión consciente de ser feliz cuando comiences a equilibrar tu vida. Siente la alegría hoy, independientemente del puntaje que tengas en cada área de la rueda del balance, por el solo hecho de que ya estas consciente de lo que necesitas hacer para tener una vida balanceada, es motivo para sentirte feliz y motivado.

Por último, todas las 8, 10, o 15 áreas de tu vida que has elegido son una parte integral de tu visón. Esta nueva manera de avanzar todas las áreas importantes de tu vida generará más energía en ti cada día. Sin duda te sentirás con más energía sabiendo que estas balanceando tu vida y enfocándote en tu visión.

Capítulo 7
¿Estoy Siguiendo mi Visión?

Permanece Enfocado en Tu Visión

Cada mañana al despertar cuentas con una nueva oportunidad de seguir avanzando tu viaje por la vida, de lograr tus sueños y ser tu visión. Al seguir un calendario específico para el cumplimiento de tus rutinas diarias, toma en cuenta que algunos imprevistos pueden aparecer en tu día. Una buena estrategia para mantener tus actividades relacionadas a tus sueños y tu visión es reconocer conscientemente la manera en la que estas avanzando tus metas y a la vez la manera en la que estas balanceando tu tiempo en todas las áreas de tu vida incluyendo trabajar en tus sueños.

Cuando te encuentres dentro de una rutina aburrida busca nuevas formas de crear interés en tu día. Tal vez ese día monótono es la oportunidad perfecta para que planees un evento fuera de lo ordinario y que hagas cosas un poco más emocionantes. Rétate a ti mismo más allá de tus capacidades, pues lo que parece imposible de lograr puede estar a sólo una llamada telefónica, una cita o a tan sólo una corazonada.

Lee la carta que se muestra a continuación de un adolescente que le escribe a quien es su fuente de inspiración y modelo a seguir. La meta principal con este ejercicio es lograr motivarte acerca de tu visión y que tomes acción fuera de tu zona de confort.

Sr. Chris Cole,

Mi nombre es Mason Wallace, a la edad de 3 años me regalaron una patineta. La usaba para recostarme en ella sobre mi estómago e impulsarme con mis manos. Recuerdo que desde entonces siempre tuve una fuerte conexión con las patinetas. A la edad de 5 años, usé una patineta que mi papá me regaló para que yo aprendiera a pararme en él y así hacer trucos en la alfombra de mi recamara. Mi Papá me apoya mucho en todo lo que me interesa como la patineta y durante mis 15 años de vida me ha llevado a clases, campamentos, a parques para patinar e incluso me construyó una rampa de 12 pies de ancho por 30 pies de largo en el patio de mi casa para que yo pudiera practicar mis trucos. Como podrá ver usted Sr Chris, disfruto mucho patinar tanto o más que tú, incluso, mi amigo Isaac y yo, hicimos una compañía piloto que se llama 9Vidas, yo diseñé el logotipo e hice calcomanías que regale en un parque local. Tengo algunas fotos de mis años patinando donde estoy en diferentes etapas de mi vida y unas calcomanías que me gustaría enviarte como un obsequio para ti.

Te confieso a menudo me visualizo patinando contigo y aprovechando al máximo la oportunidad de aprender de ti y lo más importante poder agradecerte en persona que tu hayas sido y aun seas la fuente de inspiración en mi vida, te admiro como persona y como profesional. En septiembre del 2015 fui a Chicago y tuve el privilegio de asistir al evento "Súper Corona" de Nike y verte competir junto con muchos otros grandes profesionales. ¡Yo estuve apoyándote! Eso es lo más cerca que he estado de conocerte en persona. Francamente aún sigue siendo mi sueño conocerte algún día y patinar junto contigo y esta es la razón principal por la que te escribo. Apreciaría con humildad que aceptaras mi petición de conocerte y patinar juntos. Gracias por leer mi carta, sinceramente espero saber de ti con un gran "Si Hagámoslo" como tu respuesta.

Respetuosamente,
Mason

Podrías escribir una carta parecida con el fin de empujarte fuera de tu zona de confort y así generar ese evento que tanto has visualizado en tu mente por tanto tiempo y que deseas que se haga realidad.

Una carta como esta, un correo electrónico o incluso una llamada telefónica son solo algunos ejemplos que podrían poner tus sueños en acción mientras mantienes tu enfoque en tu visión. ¡El resultado siempre será favorable! Pues si ellos aceptan tu propuesta, estarás feliz por haberlo logrado; sin embargo, si las cosas no suceden exactamente como tú esperabas habrás avanzado sabiendo que intentaste una de las tantas formas de lograrlo y a la vez aprendiste como buscar y visualizar nuevas maneras de lograr tus sueños.

Si deseas ver más ejemplos sobre cómo escribir una carta similar, visita nuestra página de internet en la dirección *www.visionbooknow.com* y busca la sección de apoyo.

Vive Constantemente Tu Visión en Tu Mente

Imaginar y visualizar eventos en tu mente antes de que estos sucedan es una manera muy efectiva de convencerte a ti mismo de que tus sueños están a tu alcance y de que puedes realizarlos. En este preciso momento hay por lo menos dos cosas en tu mente que son sin duda parte de tu visión: La primera es reconocer en donde estas hoy día y lo que has logrado hasta este momento respecto a tu visión: La Segunda es, mediante tu visualización, verte a ti mismo y evaluar donde te gustaría estar en el futuro. Si te preguntas "¿Que sucede con todo lo que está entre el presente y el futuro?" ¿Como lo planeo?" Estas preguntas son fáciles y divertidas de responder. Abajo, podrás leer dos de las distintas formas de responder a estas preguntas.

Estas dos opciones te proporcionaran una idea sobre cómo puedes visualizar lo desconocido entre el ahora y los eventos futuros, o la versión futura de ti mismo.

Primera Opción:

Elige imaginar eventos extraordinarios donde todo sucede para tu beneficio y en favor de tu visión. Completa tu historia y la película en tu mente incluyendo conversaciones detalladas con las personas que podrían apoyarte en tus sueños. Incluye detalles específicos tales como; la ropa que estas vistiendo, la hora y el lugar donde se lleva a cabo el evento y las personas que están presentes en este evento. Obsérvate e imagina la manera en la que te comportarías e incluso visualiza la posición que tendrías al estar parado o sentado y si este evento sería una reunión cara a cara o si eres reconocido mundialmente por tu contribución a la humanidad y por el gran logro de haberte convertido en tu visión. Entre más detalles logres imaginar e incorporar en este proceso más significativo será esta experiencia. Podrías incluso visualizar la música que tocarán en la radio y como estará el clima ese día, ya que sabes que los días lluviosos o soleados te hacen sentir de cierta forma; sería recomendable que en tu historia elijas visualizar los elementos adecuados que te permitan visualizar la mejor versión de ti mismo. Lleva tu historia tan lejos como tu mente te lo permita, escribe un discurso sobre todo lo que imaginas que sucederá ese día, visualízate rodeado de familia, de gente famosa, de líderes mundiales y siente que todos ellos están ansiosos de escucharte hablar sobre tus logros. Ten en cuenta que los detalles que incluyas en tu historia promoverán y te inspiraran a que sientas que tu visión ya es una realidad.

La meta principal de este ejercicio de visualización es que tu mente y tus sentidos logren sentir y experimentar los eventos futuros que crees que están fuera de tu alcance o que son imposibles de lograr. Cuando te das la oportunidad de imaginar y de sentir los acontecimientos futuros de muchas maneras estás permitiendo que todos tus sueños encuentren el camino hacia a ti. Al vivir tus sueños y convertirte en tu visión, muchos de los detalles que previamente habías visualizado podrían ser distintos, este elemento sorpresa es la forma única que tiene el universo y la vida de sonreírte y comunicarte que todo está alineado hacia tus metas y tu visión.

Segunda Opción:

En esta opción estás conectado al momento presente y haz elegido visualizar el resultado mientras conscientemente permites que las cosas lleguen a ti. La idea principal de esta opción es que reconozcas y aprecies la magia de vivir en el momento presente, el mantenerte abierto y permitir que las cosas se desarrollen por si solas sin una idea preconcebida, esta opción sin duda requiere una fe inquebrantable en el proceso de la vida.

La vida y los eventos se harán presentes en tu vida y si te mantienes en el momento presente aceptarás las cosas exactamente como aparecen en tu día. También requiere una gran disciplina y paciencia, así que evita juzgar como se desarrollan los eventos. Confía absolutamente en el proceso, elimina las expectativas y mantén tu enfoque en las metas de tu visión, esto es sumamente importante. Aunque esta opción tal vez no sea tan divertida como la opción uno, es tranquila, armoniosa e impredecible. Aprende a soltar y a permitir que las cosas lleguen a tu vida sabiendo que se presentan para satisfacer tus necesidades y para que te conviertas en tu visión. Es importante mencionar que mientras permites que la vida fluya, continúes soñando e incluyendo ciertos detalles en tu mente que logren apoyar tu visión. Esto significa que estás enfocado en el objetivo principal que es tu visión y que estás abierto a recibir mientras te mantienes con la certeza de que todos los detalles en tu vida son perfectos, así como suceden.

Las dos opciones mencionadas arriba, son maneras muy distintas de experimentar tu visión. También es posible que tengas tu propia forma que te beneficie y complemente tu visión. La meta principal es que permanezcas conectado con las metas de tu visión y que las mantengas vivas y al día.

Para adquirir una lista completa de preguntas y herramientas que te ayuden a mantener tu visión viva, visita nuestra página de internet www.visionbooknow.com y descarga la hoja de trabajo formulada especialmente para ti.

Programando Tu Vida

En el capítulo cinco, aprendiste sobre la programación de las tareas principales de tu visión e hiciste un programa general basado principalmente en la educación de tu profesión y como practicar después de graduarte. Estas tareas son sumamente vitales para tu

*Gustavo A. Valenzuela*1

visión. También aprendiste sobre la importancia de balancear tu vida e identificaste otras tareas importantes en ocho o más áreas de tu vida. Las tareas que seleccionaste en cada área, están directamente relacionadas con tu bienestar pues promueven una forma balanceada de vivir tus sueños en el proceso de convertirte en tu visión. La representación sencilla de la gráfica para el calendario de tu vida y tu visión incluye los segmentos A, B y C.

Al estar consciente de otras tareas en tu vida como son servicio a la comunidad, estabilidad financiera, crecimiento personal, espiritualidad, amigos y diversión, salud, familia y un poco de tiempo para ti mismo, es posible colocarlas en un calendario mientras evalúas tu situación actual y al mismo tiempo definir que te gustaría ser y programar formalmente las tareas a seguir y realizar.

El calendario de vida es una herramienta clave que vas a utilizar para administrar recursos y tareas que guiarán tu visión hacia un final exitoso. Por lo tanto, contar con un calendario de vida es extremadamente importante puesto que tendrás un objetivo claro sobre tus esfuerzos y te permite documentar tus metas. Un calendario puede ser parte de tu agenda diaria, también puede ser parte de tus notas escolares o simplemente puedes escribir un calendario con notas y fechas en tu teléfono celular. Existen varias herramientas disponibles de las cuales puedes elegir la que sea mejor para ti. Puede ser algo sencillo que te permita editar, actualizar y revisar tu calendario de vida por lo menos una vez al mes o con más frecuencia si así lo deseas. También puedes escribir tus notas en una servilleta estando en un restaurante o grabar un archivo de audio en tu teléfono móvil el cual puedes revisar y evaluar cuando lo necesites. Mantén el hábito de revisar tu calendario de vida y evaluar lo que es más importante para ti hasta que éste proceso se convierta en una rutina. De la misma manera desarrolla el hábito de tener una meta clara en tu día, tu semana, durante el mes o anualmente para que midas tu progreso y asumas responsabilidad de los resultados.

Si te invitaran a jugar a los dardos y te entregan 8 sin tener un blanco para arrojarlos, ¿Sería posible para ti darle al blanco sin

2662

tenerlo? ¡Por supuesto que no! Lo mismo aplica a la creación de un calendario en tu vida, si te levantas cada mañana y actúas como robot sin algún propósito real, eso sería como tirar tus dardos hacia una pared sin el blanco. Igualmente, si fueras a correr un maratón sin tener la línea de la meta, ¿Como podrías saber que ya corriste los 40km y que llegaste a la meta? Es importante que el calendario de tu vida permanezca flexible y sea una herramienta de trabajo para medir tu progreso y mantenerte enfocado en la meta de cada una de tus tareas. La idea es evitar planear completamente cada segundo y cada detalle en tu vida, por el contrario, la meta es documentar y tener prioridades en tu vida mientras te mantienes flexible y abierto a las oportunidades. Como puedes ver existen distintas maneras de crear tu calendario de vida.

Visita el sitio de internet *www.visionbooknow.com* para obtener una lista completa de ejemplos de los cuales puedes descargar las hojas de trabajo en forma digital.

Completando Tareas y Avanzando

Al terminar exitosamente cualquiera de las tareas que hayas planeado te inundará un sentimiento de satisfacción al reconocer tus esfuerzos y tus logros. Si corres un maratón, cruzar la línea de la meta después de haberlo soñado, de haber entrenado tu mente y tu cuerpo para esa tarea de 40 km será una experiencia llena de emociones poderosas las cuales con certeza durarán para toda tu vida. Terminar las tareas del calendario de vida es un momento para celebrar y una oportunidad para seguir avanzando tu vida.

En temas de educación, graduarte de la escuela primaria te permite avanzar y mover tu enfoque hacia la preparatoria y después de celebrar esos 4 años de educación con un diploma puedes tener una educación universitaria más avanzada. Graduarte de la universidad te permite estar en el área laboral y hacer una diferencia con tus talentos, conocimientos y tus esfuerzos diarios. En la escuela, en tu trabajo, con tu familia y con tu propio crecimiento personal, tienes muchas oportunidades de celebrar en la medida que contribuyes a este mundo todo lo que tienes con tu propósito significativo y que es la fuerza que te impulsa. Incluso al terminar de leer todas las secciones y capítulos de este libro mereces celebrar el haber permanecido comprometido y terminarlo para tu propio beneficio.

Al ir terminado tus tareas, tu calendario de vida requiere una actualización para que te propongas metas nuevas mientras vas descubriendo cosas que complementen tu visión. Al terminar de leer este libro por completo, avanza tu vida e implementa toda la información nueva que acabas de adquirir para que el viaje de tu vida sea significativo. En efecto, avanzar tu vida es una oportunidad de que encuentres un nuevo significado y que permitas que sueños nuevos le den forma a tu visión. La vida nunca es un reto si la ves como una gran oportunidad para crecer y acceder a una mejor versión de ti mismo. En los siguientes Capítulos tendrás la oportunidad de aprender a crear espacio y permitir que cosas nuevas lleguen a tu vida. También aprenderás sobre quien realmente eres, los valores que te definen, la manera en la que planeas y como tomas decisiones basándote en tu intuición.

Un Requerido Ajuste

Tu vida está destinada a funcionar fácilmente y así como los motores de los carros, tu vida también requiere de un ajuste; mantener y hacerte cargo de tus necesidades es esencial para un rendimiento adecuado en el proceso de convertirte en tu visión. Tu eres un ser extraordinario, piensa en tu persona como un súper carro con muchísimos caballos de fuerza listos para ser liberados para que vivas tus sueños, permitiendo que esa gran persona que vive dentro de ti surja.

Un ajuste en tu visión, significa que has revisado y ajustado tu calendario de vida y abiertamente reconoces las cosas que pueden estar funcionando para ti y las que son beneficiosas para tu visión. Toma en cuenta tus tareas, tus metas y verifica que toda la información sea importante asegurándote que tienen un propósito y que te están complementando tus sueños. Ponle atención a tus sentimientos mientras revisas la información en el calendario de vida, para que logres ver que tan conectado estás con tus metas y con las actividades que has enlistado para el logro de las mismas. Al hacer ajustes menores en tus metas y tareas vas a requerir pensar más allá de tu zona cómoda, así como se mencionó al inicio de este libro. Ten en cuenta de que existen diferentes maneras de lograr tu objetivo y un pequeño ajuste puede ser exactamente lo que necesites para lograrlo.

Por último, los ajustes en tus actividades son solo para verificar si estás haciendo lo que es importante para ti, si estás enfocado en tu visión, en ayudar a los demás y a una buena causa.

¿A Quién Escucho?

Muchas personas en tu vida tienen una opinión acerca de lo que es mejor para ti. Pueden ser tus padres, tus entrenadores, asesores, sacerdotes, mentores, modelos a seguir, amigos y muchos más, todos ellos tienen una opinión de cómo deberías vivir tu vida. Así tengas 9 o 47 años, la manera de reconocer una guía segura que dirija las metas importantes en tu vida, reside en tu conocimiento interno y en tu habilidad de sentir si es bueno para ti.

La persona ideal a la que puedes escuchar es a ti mismo, siendo fiel a tus sentimientos auténticos y tomando decisiones de manera positiva y de manera productiva que te beneficien a ti y que no le hacen daño a nadie. Al recibir información en forma de sugerencia o consejo, toma en cuenta que es, simplemente su manera de ver la vida y sus intenciones son ayudarte con su experiencia en el área en la que se especializan.

Expresa tu agradecimiento por que comparten contigo un consejo, pon atención a lo que resuena en ti y sientes que es lo mejor para ti mientras evalúas y utilizas solo la información importante para tu visión. En los capítulos siguientes de este libro, tendrás la oportunidad de conectar con tu ser autentico y aprender sobre los valores fundamentales para que logres filtrar los consejos de una manera beneficiosa para ti y al hacer esto, con seguridad también beneficiaras a los demás.

Gustavo A. Valenzuela

Capítulo 8
Todo es Relevante

Las Experiencias de la Vida Complementan tu Visión.

Todas las experiencias que la vida te trae son grandes maestros que te están ayudando de muchas maneras a ser la persona que eres hasta el día de hoy. Desde el momento en el que naces, todo a tu alrededor comienza a formarte, al interactuar con las personas y el medio que te rodea, las distintas experiencias que vives, te enseñan todo sobre el Amor y el Miedo. Al pensar en todo lo que has vivido y experimentado durante tu vida hasta este momento, comprenderás que todos los sentimientos y emociones están directamente relacionados con el Amor y el Miedo y lograrás entender que cualquier otro sentimiento se deriva de estos dos.

El Amor siempre está asociado con sentimientos positivos como la alegría, la felicidad, la paz, la armonía y muchos otros grandes sentimientos que hacen que te sientas seguro y a salvo. El miedo, por el contrario, se asocia a menudo con emociones que provocan un sentimiento de intranquilidad, ansiedad y principalmente te incitan a tener sentimientos nerviosos. Independientemente de la edad que tengas, haz experimentado y aprendido de la vida a través del Amor y del Miedo, los dos sentimientos han contribuido a tu crecimiento y a tus logros. En otras palabras, el Amor y el Miedo son tus maestros más importantes y son ingredientes principales de todas las experiencias que le dan valor a tu vida diaria.

Las experiencias importantes que han marcado tu vida dejando una impresión, vuelven a ti en forma de recuerdos. Piensa en tu primer día en la escuela cuando por primera vez estuviste lejos de tus padres y conviviste con gente desconocida. Si tienes la mayoría de edad recordarás el momento en el que te graduaste de la preparatoria, o tal vez cuando aprendiste a manejar, o el día en que invitaste a salir a quien te gustaba por primera vez, cuando le compartiste a tus padres una buena o mala noticia, si tuviste un accidente, cuando dejaste la casa de tus Padres para vivir solo, tu primer entrevista de trabajo, el día que obtuviste tus resultados de un examen importante, cuando saltaste de un paracaídas, el día que te retaste y elegiste nadar con tiburones en el océano o cuando diste tu primer discurso frente a muchas personas, el día que ayudaste a un animal herido, cuando conociste a alguien famoso o el sentimiento de luto al perder a un amigo o a un ser querido. Todas estas experiencias te han formado para convertirte en la persona que eres el día de hoy. Con seguridad hoy sabes que el Amor y el Miedo han estado presentes en todos estos momentos y ambos te han enseñado lecciones muy valiosas.

¿Podrías escribir algunas experiencias que le hayan dado significado a tu vida? Toma un momento y transpórtate cuando tenías 5, 13, 20 o 33 años de edad y mientras recuerdas todas esas experiencias, piensa en las lecciones importantes que has aprendido durante tu vida. Si eres una persona valiente, intrépida y aventurera, ¿cuáles son algunas de esas experiencias que te formaron para ser así? ¿Si eres una persona aprehensiva, analítica y tímida que experiencias te llevaron a ser esa persona? El propósito principal de este ejercicio es que reconozcas que tú eres todas las experiencias que has tenido a través de tu vida. En resumen, tú eres el resultado de tu determinación y la suma de todas las experiencias que le han dado significado a tu vida y por lo tanto a tu visión. Cada historia exitosa está compuesta de Amor y de Miedo y de todo lo que habite en medio de estos dos sentimientos.

El 22 de mayo de 1987 en tiempos de guerra donde había escasez de dinero, comida y paz, nació un niño el cual tuvo unos padres amorosos, que a causa de las circunstancias en las que el país se encontraba, no pudieron apoyarlo financieramente. Sin embargo, este niño, al comprender las circunstancias de lo que su país, sus padres y él mismo estaban pasando, lo empujaron a formarse y a fortalecer su carácter. Para este niño crecer en medio de todos estos retos, le permitió mantenerse abierto a descubrir y a vivir nuevas experiencias. Cuando solo tenía 5 años, se encontró a un grupo de personas construyendo algunas canchas de tenis y a pesar de que jamás había escuchado la palabra "tenis", inmediatamente sintió una conexión y terminó apasionándose por este deporte. Este niño jugaba horas y horas durante el día en una pared de su vecindario y después veía los mejores partidos de Wimbledon por televisión incluyendo el juego donde Pete Sampras ganó su primer título en Wimbledon. En ese preciso momento, su repentino Amor por el tenis lo inspiró a soñar en grande y visualizó algún día jugar y ganar el título Wimbledon. Durante su vida se encontró con gente maravillosa como lo fue su primera entrenadora, Jelena Genecic; Este niño asistía a su campamento de tenis mientras visualizaba y hacia poderosas declaraciones de que algún día el ganaría el trofeo de Wimbledon y sería reconocido como el mejor jugador de tenis del mundo.

Para mantenerse conectado con su sueño y su visión él se construyó un trofeo de cartón el que usaba para verse en el espejo mientras se decía así mismo "Yo soy el campeón de Wimbledon". En el año 2003 a la edad de 16 años se convirtió en jugador profesional y en el año 2011 gano Wimbledon por primera vez. Novak Djokovik logro su sueño en el 2011, de nuevo en el año 2014 y en el año 2015. Novak le atribuye su éxito a sus padres, a su determinación y a toda la gente maravillosa que llegó a su vida para recordarle sobre sus talentos, sus habilidades y todas las cualidades que poseía para convertirse en el jugador número uno del mundo. Lidiar con la adversidad y encontrar la determinación para mantenerse enfocado en sus sueños, siempre confiando que el Amor y el Miedo moldeaban su vida en el deporte del tenis, fue el factor clave y determinante para el merecido éxito de Novak.

En ocasiones, a lo largo de la vida de Novak y especialmente en la prueba final de la competencia para ganar Wimbledon, se enfrentó con el miedo de perder y de no ser digno de ganar el campeonato de Wimbledon. A causa del respeto que sentía por su oponente, tuvo miedo de enfrentarlo, sin embargo, venció ese miedo al ser capaz de conectar de nuevo con ese niño de 5 años que alguna vez tuvo el sueño y el cual visualizó durante un largo tiempo ser el ganador.

Es importante mencionar esta historia por muchas razones. Primeramente, ¿Por qué un niño de 5 años le preguntaría a un extraño que era lo que estaba construyendo? ¿Y que al escuchar la palabra tenis no tuvo ningún significado para él y mucho menos la palabra Wimbledon? En esta pequeña historia puedes observar tres cosas que pudieran parecer irrelevantes para ti, sin embargo, no lo son, ya que esos acontecimientos fueron los ingredientes precisos que conectaron a Novak con su importante visión y con su vida que estuvo llena de experiencias de Amor y de miedo.

En capítulos anteriores aprendiste que todo tiene una razón de ser por consiguiente todas las experiencias están de cierta forma conectadas y siempre llegan a ti en el momento preciso. Si te das la oportunidad de observar todas esas experiencias y acontecimientos que para ti pueden parecen irrelevantes lograrás ver que todo es información crucial que te acerca a tus sueños y a que logres ser tu visión. El mensaje es claro, todo lo que te sucede es importante, por lo tanto, la siguiente vez que te encuentres en una situación que sea extraña para ti, tómate el tiempo de indagar de qué manera se relaciona contigo.

3 personas por Conocer

Novak, conoció muchas personas a través de su vida las cuales lo apoyaron con su visión de convertirse en el campeón de Wimbledon. De esa misma manera si te mantienes abierto a esta idea de que llegarán a tu vida personas nuevas para apoyarte para impactar positivamente tu visión. Sueña en grande, tan grande como lo desee tu corazón y como tu mente te lo permita, después pregúntate: ¿Quiénes son esas personas que aún no conozco que pueden apoyarme en el logro de mi misión en la vida? En el caso de Novak como jugador increíble de tenis estas tres personas fueron: Pete Sampras quien lo inspiro; Jelena Genecic su primera entrenadora y su rival Rafel Nadal con quien compitió y ganó su primer campeonato en Wimbledon. Este ejercicio de pensar en 3 personas que aún no conoces y que tienen la capacidad de influenciar tu vida, es una manera muy efectiva de mantenerte abierto a lo nuevo y a todo lo que está por llegar, aceptando que si permaneces enfocado en tu visión todo es relevante. La idea es que estés consciente que en tu futuro inmediato y lejano conocerás personas que llegaran a tu vida a compartirte quiénes son y a apoyarte de alguna manera.

Ya sea que creas que el universo está trabajando a tu favor o que es la buena suerte o simple coincidencia, tu vida siempre está conformada por eventos que suceden a tu alrededor y por las personas que en un futuro conocerás. Es muy probable que te encuentres a tan solo una persona, un evento o una decisión que te conectará con el propósito de tu visión y que cambiará tu vida positivamente. Así tengas 5 o 79 años, el mismo concepto y regla aplican para ti independientemente de tu edad. Por lo tanto, si tu visión es convertirte en un oficial de policía, al pensar en 3 personas que aún no conoces, lograrás enfocarte en tu misión. Estas personas podrían ser tu entrenador de la academia de policía, el jefe de policía o tu compañero de patrulla, o quizás ese ciudadano menor de edad que necesita de tu protección y que te mostrará claramente que te importan los niños, su seguridad y decidirás trabajar en esta disciplina. Puede ser cualquier persona y en cualquier momento lo que te permita de pronto desarrollar y sentir esa profunda conexión con el evento, será tan claro que podrás visualizarte en un futuro haciendo esta actividad de la cual te sientes atraído a hacer una diferencia.

Permanece abierto y permítele al universo y a la vida que te sorprenda trayéndote eventos y personas de una manera inesperada. Al hacerlo, tu confianza en este proceso debe ser incondicional porque la manera en que lo has visualizado puede ser distinta a la manera en la que se está desarrollando, sin embargo, lo que más importa es el hecho de que está sucediendo y no la forma en la que te está sucediendo.

3 Figuras Inspiradoras

¿Quiénes serían esas tres personas inspiradoras con las cuales te gustaría comer o conversar sobre un tema que deseas? Podrían ser; ¿Albert Einstein, Leonardo Da Vinci, Moisés, Juana de Arco, Sócrates, Platón, Neil Armstrong, Martin Luther King, Charles Chaplin, John F. Kennedy, James Dean, Walt Disney, Los hermanos Wright, Bruce Lee, Isaac Newton, La madre Teresa de Calcuta, Steve Jobs, Mozart, Oscar Wilde, Mahatma Gandhi, Picasso o Jesús de Nazaret? Incluso podría ser el Papa, un actor o cantante famoso como Elvis Presley, un héroe del deporte como Babe Ruth o tu Abuelo. ¿A quien elegirías? Todas las personas mencionadas son personajes inspiradores conocidos por su gran visión y sus logros hacia la humanidad y de alguna manera le han contribuido a tu vida, al igual que los miembros de tu familia.

Hasta el día de hoy todos ellos siguen teniendo en tu vida un impacto positivo y hay tanto que aprender sobre sus historias y cómo cada uno de ellos, en su tiempo lidiaron con el amor, con el miedo y tantas experiencias que los ayudaron a lograr su visión y a vivir sus sueños. En este momento elige a tres de tus propias figuras inspiradoras con las que te gustaría mantener una conversación significativa por una hora o más tiempo. ¿Sobre qué trataría tu conversación? ¿Elegirías conversar con cada uno individualmente o te gustaría mantener una conversación con todos al mismo tiempo? Si tus figuras inspiradoras ya han muerto, ¿Cuales serían algunas de las preguntas que te gustaría preguntarles para saber sobre su visión, sus sueños y las experiencias que tuvieron a través de su vida? Si tus figuras inspiradoras aún están vivas, ¿Qué tipo de guía buscas en ellas y de qué forma complementan tu pasión y tu misión en la vida? ¿De qué manera te inspiran y como podrían ser apoyo para ti?

Escribe tus respuestas y documéntalas en tu *VISIONBook* de la manera que mejor te beneficie.

Las Personas y los Lugares son Fuente de Inspiración

En el ejercicio anterior todas las personas que elegiste conocer o incluso si solo elegiste leer sobre alguna figura influyente, serán sin duda grandes fuentes de inspiración para ti en tu camino hacia convertirte en tu visión. Permítete permanecer abierto a la oportunidad de ser inspirado por todas las personas que conoces y por todas a aquellas que algún día conocerás. Encontrarás muchas fuentes de inspiración de todo tipo a lo largo de tu vida y recuerda que no se limitan solo a los ejemplos que éste libro te ha compartido. Es común escuchar a una madre decir que se siente inspirada por sus hijos y solo por tenerlos en su vida se motiva a lograr más en la vida. Seguramente escuchas seguido que las personas se sienten inspiradas por un amigo cercano que está enfermo o por haber tenido un accidente fatal que te cambia la vida, la inspiración es posible encontrarla en todas partes tan simple como a la vuelta de la esquina o en el siguiente suceso de tu presente.

Es también común escuchar que la inspiración surge en las personas a través de experiencias negativas y de personas que te dicen que no eres capaz de lograr tus sueños pero también existen personas que a primera vista te dan la impresión de ser menos afortunadas que tú y de igual manera logras ver y aceptar humildemente que esas personas han logrado más que tú en la vida. Quizás algunas personas tengan menos tiempo y dinero que tú, tal vez les falten sus dos brazos y aun así son capaces de tocar la guitarra. Por lo tanto, tu sueño de convertirte en un famoso guitarrista y el miedo que le tienes al éxito toman otra perspectiva al conocer a un guitarrista sin brazos que te motiva más allá de tus expectativas, miedos y limitaciones aparentes.

La lista de fuentes de inspiración que puedes obtener es muy extensa, tan extensa como estés tu dispuesto a poner atención a todo lo que te sucede. ¿Qué piensas sobre la Música? ¿Existe alguna canción que cuando la escuchas te transporta a lugares maravillosos y genera en ti sentimientos intensos y positivos? La naturaleza con sus formas únicas y maravillosas, incluyendo la vida salvaje, las cascadas, los climas extremos y tan diversos o el solo hecho de caminar en la naturaleza puede ser muy relajante e inspirador. ¿Cómo seria para ti la experiencia de meditar y permanecer en silencio por 20 minutos para permitirle a tu mente descansar y dejar a tu alma expresar y guiarte? Estas son solo 3 formas en las que puedes meditar donde la meta principal es aquietar tu mente para que logres inspirarte a través de tus talentos y de tu voz interna, incluso cuando estas durmiendo los sueños aparecen de una manera reveladora que te inspira a tomar acción. ¿Y qué hay acerca de leer un libro? ¿Es este libro una fuente de inspiración para ti? Muchos libros fácilmente te podrán conectar con energía y pensamientos positivos inspirándote a que veas las cosas positivamente.

3 Películas para Ver

Las películas son una gran fuente de inspiración y existe una extensa lista de grandes películas que puedes ver para inspirarte. Para el propósito de este libro te recomendamos ver las siguientes películas:

El Guerrero Pacifico: Esta película trata sobre un atleta dotado cuyo deseo de éxito impulsa todo lo que hace y cuando una persona misteriosa aparece en su vida y le abre los ojos a Dan hacia una nueva visión de fuerza y entendimiento; el esperanzado joven se da cuenta que aún tiene mucho que aprender y muchos sacrificios que hacer para lograr sus sueños. Esta película es un gran ejemplo de muchos de los conceptos que has leído y aprendido a través de cada capítulo de este libro.

Corazón Valiente: Esta película cuenta la historia del legendario héroe escocés del siglo Xlll llamado William Wallace que reunió a los escoceses en contra del monarca Ingles l, después de haber sufrido una tragedia personal por soldados ingleses. Wallace reúne a un grupo de guerreros aficionados los cuales son más fuertes que cualquier ejército inglés. Si ya has visto esta película, vuélvela a ver por segunda vez y escribe tus pensamientos sobre lo que entiendes esta vez después de haber leído este libro.

La Vida de Pi: Esta película se desarrolla cuando una familia decide vender su Zoológico en India y mudarse a Canadá. Santosh y Gita Patel abordan un bote carguero con sus hijos y algunos animales restantes. La tragedia los golpea cuando una fuerte tormenta hunde el barco dejando al hijo adolescente de los Patel como el único sobreviviente de la familia. Sin embargo, Pi no está solo, un temible Tigre de Bengala ha encontrado un refugio a bordo del bote salvavidas. A medida que los días se convierten en semanas y las semanas en meses, Pi y el tigre deben aprender a confiar el uno en el otro si ambos quieren sobrevivir. Esta película te enseñará valores muy importantes y te permitirá descubrir el regalo de la vida desde una perspectiva distinta.

Al finalizar las películas escribe tus emociones y el mensaje que recibiste de cada una de ellas. Este ejercicio te permitirá conectarte con tus valores fundamentales; estos valores son básicamente quien eres en tu corazón. En el siguiente capítulo, aprenderás sobre tus creencias fundamentales las cuales te ayudan a diferenciar el bien y el mal, te guían hacia el logro de tus metas, a que vivas tus sueños y a que te conviertas en tu visión.

Capítulo 9
3 valores fundamentales

¿Qué es un Valor Fundamental?

La vida te enseña lecciones muy valiosas a través de las cuales puedes moldear tu personalidad, puedes desarrollar nuevas habilidades y formas para resolver algunos desafíos; tú ser auténtico está arraigado en el fondo de tu ser y tu yo interno describe a la perfección quien realmente eres tú. Esta naturaleza innata contiene la información de tu esencia y lo que te define es inalterable. En otras palabras, quien eres en esencia es la suma de los valores que definen tu ser autentico los cuales permanecerán para siempre. Estas son excelentes noticias pues existe un viejo dicho que dice: "Las personas nunca cambian" y esto es cierto si nos estamos refiriendo a los valores de las personas. Sin embargo, tu comportamiento y tu personalidad pueden cambiar para que te adaptes a las situaciones y circunstancias de la vida puesto que tu entorno también puede dictar tu conducta.

Por ejemplo, si eres una persona que disfruta conversar y expresar sus emociones, al estar en la iglesia escuchando misa es conveniente que te mantengas en silencio ya que esta conducta es la apropiada para este tipo de situaciones. Si eres una persona reservada y en tu escuela te piden hacer una presentación frente a toda la clase para que compartas y expreses un tema, esta es la situación apropiada para conversar. Estos son ejemplos claros de cómo tu entorno y ciertas situaciones pueden requerir que te comportes de cierta manera. Ahora, imagina a un niño de 6 años el cual es bondadoso, respetuoso y valora a sus amigos, pídele firmemente que vaya y golpee a otro niño o a su mejor amigo, este tipo de situación obviamente no concuerda con su ser auténtico y sus valores. Por esta razón el niño inmediatamente te dirá que está en desacuerdo con lo que le estás pidiendo y te responderá con un "No" o simplemente moverá su cabecita de lado a lado queriendo decir "No señor, yo no quiero hacer eso". Si lo obligas, este niño cambiará su personalidad bondadosa en contra de su voluntad en total desacuerdo y confusión, porque esta situación va en contra de su naturaleza. Ciertamente será una experiencia dolorosa e incómoda que podría cambiar su actitud hacia a otros niños. A medida que vas creciendo y llegas a la edad de 15, 25, 33 o incluso a los 68 años tus valores podrían estar cubiertos con muchas capas, las cuales has adquirido a través de todas las experiencias y retos que se presentan en la vida. Sin tu consentimiento estas capas se han ido acumulando, cubriendo y empañado la versión de tu ser auténtico. Estas capas son solo el resultado de vivir experiencias de vida que no han sido ajustadas con tu ser auténtico y con las profundas creencias de quien eres.

El objetico principal de este capítulo es que identifiques y remuevas todas esas capas para que logres expresar tu naturaleza innata y al lograrlo, podrás recordar tu esencia. Por consiguiente, si resumimos todo lo anterior en una sola oración considerando que has sido honesto contigo mismo, los valores fundamentales son simplemente tus creencias más profundas, los principios que te guían, que dictan tu comportamiento y tus acciones.

¿Por qué mis Valores están cubiertos?

Las experiencias desagradables de la vida, muchas veces actúan como capas que bloquean tu verdadero ser. Estas capas que están cubriéndote se fueron acumulando probablemente durante tu infancia mientras interactuabas en un ambiente controlado por adultos, como tus padres, maestros o cualquier otra figura adulta a quien respetabas. También pudiste haber acumulado todas estas capas a una edad adulta durante una experiencia de conflicto, de dolor y sufrimiento. La gran noticia es que una vez que las identifiques y las hayas removido, claramente reconocerás tus valores fundamentales, tus sueños y tu visión serán fortalecidos con energía nueva, mientras te recuerdas la manera en la que ves la vida, actuando y tomando decisiones en comunión con tu ser autentico.

Tus 3 valores fundamentales más importantes, te guiaran en todas las áreas de tu vida para que logres cumplir tu misión en la vida y que vivas plenamente cada día y cada momento con propósito.

¿Cómo reconocer mis Valores Fundamentales?

El ejercicio breve que estás a punto de realizar de ningún modo es un consejo profesional o de expertos, es solo una manera de conectar con los valores que resuenan contigo el día de hoy. Al aprender sobre tus Valores Fundamentales, estarás en una mejor posición de obtener el control total de tu vida.
Si eres una persona indecisa que evita tomar acción, la única manera de cambiar este hábito limitante es primeramente reconocerlo y después conectar con un valor fundamental que te permita tomar acción para completar cada una de tus tareas.

Es sumamente importante que reconozcas tus 3 valores más importantes y que durante todo este ejercicio optes por ignorar tus hábitos limitantes. Una vez que hayas identificado los 3 valores más importantes para ti, será muy fácil avanzar tu vida y acercarte a tu visión, y lo mejor es que al remover capas estarás concentrado en tus 3 valores principales y al conectar con ellos todas las capas que los cubrían desaparecerán inmediatamente. En pocas palabras te despojarás de ellos conscientemente tomando conciencia de que tú eres mucho más poderoso que lo que te está bloqueando.

El ejercicio consiste en 5 pasos fáciles.

1. Siéntate a solas en un lugar sin ninguna distracción y cierra tus ojos. Respira tres veces profundamente e imagina que acabas de nacer y estás listo para descubrir la vida por primera vez. Siente la Paz, el amor y un sentido de aventura. Espera 30 segundos y continua con el siguiente paso.

2. Abre tus ojos y da gracias por la maravillosa oportunidad de estar vivo en este preciso momento. Experimenta la energía y la emoción sabiendo que tus talentos harán una diferencia en este mundo.

3. Por último, en menos de 5 minutos selecciona 10 palabras de la lista que se te da a continuación:

Responsable	Salud	Control
Amistad	Paciencia	Ambición
Ser Recompensado	Respeto	Ser el mejor
Ser apreciado	Conversar	Entusiasmo
Compasivo	Franqueza	Humor/Diversión
Precavido	Ética	Resolver conflictos
Claridad	Eficiente	Creatividad
Futuras Generaciones	Credibilidad	Poder
Conciencia del Medio Ambiente	Interés	Crecimiento Profesional
Hacer una diferencia	Seguridad del trabajo	Trabajo en equipo
Liderazgo	Sabiduría	Integridad
Balance	Familia	Logros
Justicia	Colaborar	Riqueza
Esfuerzo	Logros	Bienestar Personal
Competir	Estabilidad Financiera	Comunidad
Humildad	Emprender	Independencia
Perdón	Amor	Confianza
Perseverancia	Compromiso	Visión
Imagen personal	Tutoría	Reconocimiento
Aprendizaje Continuo	Generosidad	Seguridad
Tomar Riesgos	Iniciativa	Disciplina
Adaptarse	Tolerante	Paciente

4. Elige las 6 palabras que te describen perfectamente.

5. Por último, enlista los 3 más importantes (el número 1 como el valor fundamental más importante; después el número 2 y por último el 3).

Ahora que ya sabes cuáles son tus valores fundamentales, tómate el tiempo de investigar y de comprender perfectamente el significado de cada uno de ellos. Por ejemplo, si seleccionaste Credibilidad como uno de tus valores más importantes, piensa de qué manera lo implementas en todas las áreas de tu vida. Si seleccionaste amistad, seguramente eres el tipo de amigo que siempre está presente para dar apoyo. Negocios, este puede significar que siempre eres requerido para solucionar algún problema en tu trabajo incluso sin pedírtelo formalmente, pues confían en tu capacidad de terminar todo apropiadamente. En tu vida amorosa, tu matrimonio, tu familia, eres el pilar o la persona a la cual todos acuden para cualquier proyecto o actividad que requiera una atención especial.

Estos ejemplos son una manera de entender por qué las personas actúan de cierta manera cuando están a tu alrededor y por qué puedes sentirte completamente realizado en ciertos aspectos de tu vida y en otros sentirte completamente desconcertado. Ahora que ya reconoces estos valores en tu ser, permite que esta información te eleve y remueva todas las capas y las experiencias pasadas que cubrieron tu verdadera forma de ser. Honrar tus valores fundamentales te permite ser la persona que estas destinada a ser para que avances fácilmente teniendo una vida plena y tomando decisiones que estén en comunión con tus valores. Ser la persona que ahora sabes que puedes ser, te permite ver las cosas como realmente son.

El Significado de mis Valores Fundamentales

En el capítulo 6 aprendiste como balancear tu vida y seleccionaste por lo menos ocho áreas de tu vida que son importantes para ti y tu bienestar. Ahora puedes añadir a cada una de las áreas que elegiste en el capítulo seis los valores fundamentales que te describen. Pregúntate a ti mismo: ¿De qué forma estoy honrado mis valores fundamentales en cada una de estas áreas? Por ejemplo: si uno de tus valores es la amistad y te calificaste en esa área con un puntaje bajo, ésta puede ser la razón por la cual tu vida inexplicablemente carece de significado y porque en ocasiones te sientes perdido y confundido. Tal vez existe un incidente pasado donde un amigo actuó de manera inapropiada hacia a ti y tu conscientemente creaste una barrera en contra de tu valor fundamental que es la Amistad; ésta capa empañó tu esencia y te impidió ser quien realmente eres.

Haz una decisión consiente para aceptar quien eres, viviendo tu vida y permaneciendo abierto a ver todo tipo de oportunidades para poner en práctica tus valores fundamentales. Constantemente recuérdate a ti mismo quien eres y lo que le contribuyes al mundo con tu presencia.

Jamás es Requerido Cambiar Quien Eres

Quizás en algún punto de tu vida te hayas preguntado, ¿Como me cambio a mí mismo en los momentos que no me acepto? Al inicio de este capítulo, leíste que tu ser autentico y quien eres en esencia es imposible cambiar. Tú puedes cambiar tu comportamiento o puedes elegir cambiar ciertos aspectos de tu personalidad, sin embargo, los valores que te definen permanecerán por siempre fieles a ti y en ti. Ya sean Honestidad, Sabiduría, Claridad, Perseverancia, Valor o Estabilidad Financiera los valores que te definen están ahí para ayudarte si decides cambiar tu forma de actuar, tus hábitos o tu personalidad. Aceptando los 3 valores que elegiste serás la mejor versión de ti mismo teniendo el control de tu vida y así logres tus sueños.

El secreto para evitar cambiarte es simplemente desistir de esa idea. Por lo contrario, ahora que sabes quién eres reclama el poder que proviene al vivir honrando tus valores fundamentales. Al actuar desde la intuición a pesar del miedo y confiando en tus 3 valores fundamentales, obtendrás experiencias enriquecedoras a cada momento y con cada oportunidad. Rétate a encontrar el camino que te lleve de regreso a tu verdadero ser, independientemente de las circunstancias y reclama tu vida y vívela con claridad siendo ese ser maravilloso con valores que te inspiran a compartir amor, confianza y paz.

Atrévete a presentarte a ti mismo sin decir tu nombre y la próxima vez que alguien te pregunte quien eres, en vez de decir tu nombre de nacimiento responde con seguridad incluyendo tus 3 valores:

"Yo soy un hombre compasivo, entusiasta y generoso que cree en vivir la vida plenamente adoptando estos valores poderosos." Las personas te recordaran por la manera en la que viviste tu vida y si viviste una vida honrando tus valores impactaras a cada persona a tu alrededor y al mundo entero de una manera extremadamente positiva. Ahora es el momento de que vivas tu vida plenamente y que te conviertas en tu visión, por el simple hecho de ser tú mismo.

Gustavo A. Valenzuela

Capítulo 10
Viviendo mi Visión con Gratitud

Celebra tu Vida con una Visión

Disfrutar tu camino es ciertamente mucho más importante que llegar a la meta final. Siempre recordarás los detalles, los sentimientos y las experiencias únicas a lo largo del viaje que te permitieron lograr tu meta y llegar al final del camino. Convertirte en tu visión significa vivir cada momento y cada oportunidad de la mejor manera posible. Sin importar la edad que tengas hoy, haz un compromiso de mantenerte conectado al momento presente y a vivir tu vida con propósito cada día. Cada día tiene momentos llenos de magia y de oportunidades que te apoyan a que te conviertas en la mejor versión de ti mismo y si estás atento y completamente despierto en el momento que llegan a ti, podrás experimentar los beneficios de vivir una vida con intención y propósito.

Desde el momento que naces hasta hoy día, muchos eventos se han desarrollado para formarte. De hoy en adelante haz un compromiso de descubrir y aceptar quien eres y define claramente tu propósito como se indica en los 10 capítulos de este libro. Por debajo hay un recordatorio amable para que respondas todas las preguntas.

1. *¿Cuáles son mis 3 Valores fundamentales más importantes?*
2. *¿Quién soy yo?*
3. *¿Qué me apasiona?*
4. *Si tuviera una varita mágica, que haría?*
5. *¿Cómo puedo cambiar el mundo de una manera positiva?*
6. *¿Está mi propósito alineado con mi visión?*
7. *¿Está mi vida balanceada?*
8. *¿Cuento con el beneficio de un VISIONBook?*
9. *¿De qué manera me mantengo enfocado en mi propósito en el momento presente?*
10. *¿Quién es parte ahora de mi equipo de apoyo?*

En la actualidad, es muy fácil que mantengas tu información de *VISIONBook* en un dispositivo móvil como una tableta o teléfono celular.

También puedes descargar y usar muchas de las herramientas de ayuda que encontrarás en nuestro sitio de internet www.visionbooknow.com. únete y se parte del movimiento *VISIONBook* documentando el propósito y la misión de tu vida y compártela para inspirar a otros a hacer lo mismo.

Permite que tu Visión te Encuentre

Enciende tus interruptores, usa tus sentidos, mantente alerta, despierto y tu visión te encontrará. Cuando estás listo para recibir y tranquilamente escuchas a la voz de tu interior, empiezas a presenciar los eventos que ocurren como mensajes o recordatorios sobre la misión de tu vida y en este momento al estar consciente has dejado de cuestionar la vida y has permitido que tu intuición te guie. Durante mucho tiempo has estado ignorando las señales claras manteniéndote en tu zona cómoda sin darte cuenta que tu grandeza y el alcanzar tu potencial máximo está más cerca de lo que crees. Permite que las personas entren en tu vida para que compartan contigo el regalo de quienes son, podría tratarse de un miembro importante de tu equipo, listo para unirse a ti y a tus esfuerzos en el proceso de convertirte en tu visión.

Te invito a que busques maneras de decirle SI a las oportunidades en tu vida. La clave para que evalúes las oportunidades está explicada brevemente en 5 pasos:

> **Paso Uno:** *Acepta todas las oportunidades frente a ti.*

> **Paso Dos:** *Experimenta cosas nuevas y descubre si es algo que te gusta.*

> **Paso Tres:** *Evalúa de qué manera se relacionan con tu visión y el propósito de tu vida.*

> **Paso Cuatro:** *Quédate con todo lo que te apoya y deshazte de lo que no te sirve.*

> **Paso Cinco:** *Repite todos los pasos.*

Haz Equipo con un Propósito

Es conveniente que te mantengas proactivo en la búsqueda de las personas indicadas que mantengan los mismos intereses que tú, grupos de personas que se relacionan directamente con tu misión, estas personas están sin duda en algún lugar cercano a ti, en tu país o en cualquier parte del mundo. Rodéate de personas con las que tengas afinidad y que complementen tus esfuerzos hacia la realización de tus sueños. Si tu visión es ser un granjero orgánico sumérgete en el tema e investiga todo acerca de esta profesión. Asiste a conferencias y asóciate con personas con tus mismos intereses con las que puedas compartir tus ideas, acepta la retroalimentación para que ajustes tu plan de acuerdo a lo que has escuchado.

Es muy poderoso compartir con las personas el propósito de tu visión. Cuando enfocas tu energía en mejorar tu visión o cualquier otra cosa, como resultado estarás haciendo un impacto positivo en tu comunidad, en tu país y las personas estarán dispuestas a ofrecerte todo lo que tienen para apoyarte.

En el capítulo ocho se menciona brevemente la manera de cómo balancear tu vida y si hablamos de mejorar las áreas de crecimiento personal y profesional, sería bueno que te retes a ti mismo a encontrar a las personas indicadas que son parte de tu vida mientras tu trabajas en balancearla y mejorarla. Identifica que la Familia pertenece al área de Familia mientras que los amigos pertenecen al área de amigos/diversión. Si eres afortunado de contar con personas en las áreas profesional/familiar, felicidades por haber desarrollado una relación personal con personas que pueden apoyarte profesionalmente en el área de trabajo. Sin embargo, es conveniente que reconozcas que los miembros de la familia y amigos no son las personas indicadas para compartir estrategias importantes o tareas sobre tu visión, aprende a reconocer a las personas por quienes son en tu vida, ésta podría ser una excelente habilidad a desarrollar y a poner en práctica para que sepas a donde ir cuando necesites apoyo para avanzar tu visión.

Define Quien Eres

Si eliminaras todas las capas que han cubierto a tu verdadero ser y te deshaces de tus pertenencias materiales, ¿Quién Eres? Ahora imagina que no tienes tus piernas y un brazo y has perdido la habilidad de hablar; ¿Quién eres? ¿Sigue ahí tu verdadero Ser? ¡Sí, por supuesto que sí! Es sumamente importante que definas quien eres; Tú eres energía y un ser poderoso con deseos claros, sueños y aspiraciones de vivir una vida significativa. ¡Tu Visión es quien tú eres! Reconoce tus creencias y ten claro el motivo por el cual estas trabajando para que lo compartas con el mundo todos los días. Siéntete orgulloso por haber tomado el tiempo para conocerte y para saber quién realmente vive en ti leyendo este libro e implementado toda la información adquirida.

Por el solo hecho de conocerte a ti mismo, instantáneamente empoderas a otras personas a ser ellos mismos, es muy fácil ser tú mismo si sabes quién eres.

Viendo hacia el futuro

Imagínate a ti mismo en el futuro donde ya eres tu visión y responde las siguientes preguntas:

1. ¿Qué año es en el Futuro?
2. ¿En donde naciste?
3. ¿En qué lugar vives en esta fecha futura?
4. ¿En qué te has convertido?
5. ¿Cómo fue tu camino para llegar ahí?
6. ¿Qué propósito sirves?
7. ¿Cuáles sueños se convirtieron en Realidad?
8. ¿De qué manera mejoro tu visión la vida de los demás?
9. ¿Qué sientes al haberte convertido en tu visión?
10. ¿A quién le agradeces por haber llegado ahí?
11. ¿Cuál es el siguiente paso?
12. ¿Cómo te recordaran las personas?
13. ¿Quién eres?
14. Escribe y Expresa un mensaje poderoso para el mundo.
15. Comparte tus respuestas con las personas en tu vida.

Ahora veamos cómo se verían tus respuestas en el artículo principal del periódico más importante de Estados Unidos *"The New York Times."* El artículo siguiente fue tomado como un ejercicio durante una campaña de *VISIONBook*. Utilízalo como un ejemplo.

Samuel Jacobo nació el 3 de noviembre del 2001 en Los Ángeles California y durante toda su infancia y adolescencia disfrutó montarse en su patineta y filmar todas sus hazañas en el parque de patinaje donde se reunía con sus amigos. Samuel invertía bastantes horas paseando en su patineta y filmando todos sus exitosos trucos al igual que todas sus caídas las cuales usaba para evaluarse y descubrir donde era necesario ajustar para lograr perfeccionar su técnica. Todos sus amigos, formaron y nombraron el grupo como: "9Vidas" intentaban trucos y hazañas difíciles, comúnmente realizadas por los profesionales como Chris Cole and Luan Oliveira. Estos momentos en la infancia y adolescencia de Samuel Jacobo formaron un lazo de amistad entre personas que se reunían a compartir tiempo de calidad y soñar en grande.

Hoy, Samuel Jacobo reside y labora desde Barcelona España con su hermosa y amorosa familia donde constantemente reina el respeto y el soñar en grande. A su edad de 31 años se ha convertido en un productor de cine mundialmente reconocido. Su viaje por la vida para lograr ser su visión y cumplir sus más anheladas metas, empezó a la edad de 15 años cuando una tarde al manejar a casa después de visitar el parque de patinaje, repentinamente llegó una inspiración y empezó a ver en su mente como sus películas y documentales cambiarían al mundo. A través del camino por su vida y durante su época universitaria, Samuel participó en varios proyectos como director y productor en los cuales siempre se aseguró que un mensaje único y significativo fuera incluido como base del tema. Las producciones cinematográficas de Samuel son reconocidas por su habilidad de capturar la atención de personas de todas las edades, etnias y por el genial uso de temas combinados que contienen un poderoso mensaje. En la actualidad, las producciones de Samuel Jacobo mantienen a todos sus seguidores inspirados a mantenerse unidos y formar parte de un poderoso movimiento enfocado en resolver muchos de los retos más difíciles y cumplir con las necesidades del mundo actual.

El sueño de Samuel de convertirse en un reconocido director de cine se elevó a nuevas alturas cuando sus producciones incorporaron un propósito de gran significado para erradicar los problemas más alarmantes del mundo actual. Sus producciones han despertado la consciencia de líderes mundiales y han recaudado millones de dólares para asistir a países necesitados donde exitosamente se han salvado muchas vidas, gracias al apoyo mundial también se ha logrado un salto cuántico en mejorar a ciudadanos mejorar espiritual y emocionalmente.

"Es con gran humildad y agradecimiento que veo la vida y reconozco a todas las personas que me han acompañado por mi viaje para mejorarme y brindarme su apoyo incondicional. Mis días están bendecidos con las oportunidades que la vida me presenta y así es como logro permanecer abierto y elevo mi visión para inspirar a las nuevas generaciones que sientan el compromiso de soñar en grande y convertirse en su visión una y otra vez" Estas fueron las palabras conmovedoras durante su charla en la reconocida asamblea y ceremonia No.33 "Cine con Misión" en Tokio Japón.

"Hoy sueño con ser recordado porque mis talentos sirvieron a un propósito y por haber vivido mi vida con una fe inquebrantable y un corazón abierto". Responderé la pregunta que escuche en la audiencia sobre ¿Quién Soy? dijo Samuel. "Yo soy un hombre creativo e innovador y un mensajero de esperanza"

Todo el salón de la asamblea que estaba lleno de poderosos líderes mundiales permaneció en completo silencio durante las últimas palabras de Samuel donde con voz segura y compasiva dijo" Mi padre siempre creyó firmemente que nosotros aun en el paraíso y antes de bajar a este mundo elegimos a nuestros padres. Mi padre me explicó y me invitó a confiar y creer que todo lo que yo necesitara para avanzar y lograr mis sueños llegaría a mi vida y mi única responsabilidad era estar dispuesto a reconocerlo y aceptarlo para mi propio beneficio y de toda persona a mí alrededor. Les confieso aquí que sí creo que yo elegí a mis padres en esta vida y ahora que logree ser mi visión entiendo y agradezco que mis padres hayan permanecido a mi lado en todo momento sin importar su situación y sus circunstancias."

"Yo Soy mi Visión y Yo Soy mi VISIONBook! Les declaro amor y aventura a todos.

ESTE ES EL FIN DEL ARTICULO

El artículo anterior es una excelente herramienta para exponer tu visión y evaluar que tan definido y claro es tu propósito. Tu visión está compuesta de sueños grandes y de la misión clara de lograr metas extraordinarias para tu beneficio y para el beneficio de la humanidad. Permítete ver tu ser en el futuro y una vez que escribas sobre esa experiencia elabora tu propio artículo para que te guíes y te mantengas enfocado con las metas de tu visión.

Si te gustaría saber cómo se vería tu artículo en la página principal del periódico "The New York Times" visita nuestro sitio de internet www.visionbooknow.com/newspaperarticle

Un mensaje Poderoso Para el Mundo

Tú no eres tu nombre ni el lugar donde naciste, tampoco eres tu profesión; aun así, Roberto Jiménez el escultor de Sedona Arizona, no es quien él dice ser quien es. Una vez que hayas definido claramente quien eres, todos los días frente al espejo dítelo a ti mismo, díselo a tu familia, a tus amigos y a las personas que conozcas. Hacerle saber al mundo quien eres en realidad es una manera muy poderosa de presentarte a ti mismo; a tu misión y el propósito de tu vida.

Lee los ejemplos poderosos a continuación:

"Soy un científico organizado, practico y con experiencia. Utilizo mis talentos cada día para apoyar las investigaciones médicas para encontrar la cura del cáncer en los niños."

"Soy un maestro de música entregado, carismático e inspiro a las personas de todas las edades a amar la música".

"Soy una enfermera confiable, amable y me aseguro que los pacientes que están bajo mi cuidado se sientan tratados con Amor y Respeto durante su estancia en el hospital para que logren sanar sus enfermedades."

Adquiere el hábito de decirle al mundo quien eres en cada oportunidad que tengas. Es muy poderoso para ti y para todos los que te rodean, recuérdate constantemente sobre tus tres valores fundamentales más importantes y vive tu vida de acuerdo a ellos. Te gustará la forma en la que se escucha la nueva manera de presentarte a ti mismo, puesto que es quien realmente eres.

Tener tu *VISIONBook* como guía y para compartir con todas las personas de tu vida, es una manera increíble de planear y documentar tu proceso de convertirte en tu visión.

Por último y sin ninguna condición, cree firme y abiertamente que Tú *ERES TU VISION*.

ACERCA DEL AUTOR

Gustavo es un visionario confiable, generoso y creativo que está en continuo aprendizaje y prospera en entornos donde la principal motivación es marcar una diferencia positiva. El cree en el poder de la imagen personal siempre y cuando incluya entusiasmo y una actitud positiva. Gustavo es conocido porque ve la vida con humor, disfruta las cosas cotidianas de la vida y siempre está agradecido de recibir la vida de la manera en que llega a él. Su visión entre otros objetivos, es estar dispuesto a usar sus habilidades para emprender proyectos multifacéticos y convertirlos en un éxito rotundo para el beneficio del mundo. Lo más importante es que Gustavo trabaja y se esmera en ser su visión y constantemente acceder a una mejor versión de sí mismo.

Gustavo Adolfo Valenzuela nació cerca de las hermosas playas del Mar de Cortes en Guaymas Sonora, México, donde el desierto de Sonora se une con las aguas azules del Golfo de California en el Océano Pacifico. Emigró a los Estados Unidos en el año de 1987 para asistir a su último año de preparatoria en Baltimore Ohio como un estudiante de intercambio y fue en ese momento que descubrió que Los Estados Unidos de América sería su hogar y desde entonces ha vivido feliz y productivamente en el país donde su visión se convirtió en realidad.

En 1988, Gustavo asistió al colegio comunitario PCC en donde perfeccionó sus habilidades de comunicación verbal y escrita en el idioma inglés y durante ese tiempo se sumergió simultáneamente en clases avanzadas de construcción. Vivió en Tucson Arizona mientras asistía a la Universidad de Arizona, trabajó tiempo completo todos los veranos en la construcción de casas, donde pudo aprender todo sobre la industria de la construcción. La empresa estaba dedicaba y enfocaba en construir proyectos estilo "Solución Completa" o todo incluido, lo cual significa que cada proyecto se desarrollaba de principio a fin y literalmente solo se le hacía entrega de la llave al dueño una vez completado el proyecto, Gustavo aprendió como se construían edificios eficientemente. Continuó avanzando su vida, fue aceptado al colegio de Arquitectura en la Universidad de Arizona donde se graduó con una Licenciatura en Arquitectura en al año de 1997. Algunos años después obtuvo su licencia y se convirtió en un Contratista Residencial y Comercial. Por los últimos 20 años, Gustavo ha dedicado su vida a convertirse en un experto en 3 disciplinas muy importantes de su visión que son arquitectura, ingeniería y construcción. Durante este lapso de tiempo colaboró y participó en el diseño de múltiples proyectos y construyó exitosamente diversos proyectos en los Estados Unidos con presupuestos que van desde $50,000 hasta 22 millones de dólares. Gustavo considera un experto en todas estas áreas y está consciente que esta etapa de su vida ha sido una fase muy importante de su visión original.

No todos los aspectos de la vida de Gustavo han sido fáciles. Después de una dolorosa separación y un divorcio legal de la madre de sus hijos, Gustavo se vio obligado a experimentar un despertar en su vida que lo forzó a ver que la vida y los retos son solo oportunidades para ser mejor padre, hijo, hermano, amigo y compañero. Durante este intenso proceso, fue capaz de ver todos los eventos que le ocurrían como la oportunidad para aprender lecciones muy valiosas las cuales lo conectaron con quien realmente vivía en él. En la actualidad, Gustavo elige ver la vida en general con humor, alegría y como la gran oportunidad de hacer una diferencia en su vida y en la vida de los demás siendo una mejor versión y haciendo simplemente lo mejor que puede en sus acciones cotidianas.

Gustavo cree firmemente que la vida tiene una manera única de ponerlo frente a frente con grandes maestros. Él honestamente cree que sus dos hijos representan sin ninguna duda, las dos experiencias más positivas e intensas que ha experimentado y abiertamente reconoce que son los maestros más grandes que él ha conocido. Gustavo se esfuerza cada día para ser una fuente de inspiración para sus hijos y constantemente está en busca de maneras para apoyarlos. Conectar a su hijo Mateo y a su hija

Natalia con sus sueños es muy importante para él por consiguiente, en el año 2012, Gustavo fundó la organización sin fines de lucro llamada VISIONBook, la cual se enfoca en informar, inspirar y conectar a las personas de todas las edades con una visión significativa. Enseñar a otros a conectarse con su visión ha permitido que Gustavo conecte con su propia visión y a descifrar su camino con una nueva perspectiva.

Gustavo conoce y aprovecha al máximo sus valores fundamentales, especialmente el de estar aprendiendo constantemente y el de la confiabilidad; por esta razón, el 24 de abril del 2016 se certificó como un Coach de Vida para complementar sus habilidades y mejorar las experiencias de todas las personas a las que pueda apoyar. Todos los días se recuerda así mismo acceder a sus conocimientos para vivir los días con propósito y significado y de igual manera, trabaja para elevar su visión por lo que constantemente planea, diseña y visualiza su siguiente proyecto con el fin de que su visión se mantenga clara, poderosa y significativa.

En el calendario de su visión, programa para el año 2020, el día 12 de diciembre un importante proyecto hecho realidad. Por ese motivo, está trabajando comprometidamente para lograr mundialmente recaudar los fondos de $33 millones de dólares para la realización de un centro espiritual. Visualiza este proyecto como la oportunidad para que las personas de todo el mundo asistan y sanen, espiritual y emocionalmente mientras interactúan con la arquitectura única y la energía sanadora del complejo. A medida que convives más con Gustavo y tienes la oportunidad de pasar tiempo con él, logras ver que es un hombre agradecido y que sin esfuerzo conecta los sucesos de su vida con un propósito mayor.

La visión de su vida ha tomado un nuevo significado y claramente se visualiza junto con otros 32 líderes y formar un equipo para unir sus conocimientos y utilizar todos sus talentos compartiendo la intención de desarrollar un complejo arquitectónico único, artístico e inspirador para apoyar a las personas que encuentren una paz interna raramente experimentada. Este centro que Gustavo visualiza, contará con un espacio y con la oportunidad de que cada visitante se sumerja en un ambiente espiritual para activar de forma natural su perdón, remover bloqueos, ataduras y de esta forma logren conectar con su ser autentico y de esa manera vivan una vida positiva con gran significado.

Gustavo respetuosamente comparte esta información contigo con la esperanza de que pueda inspirarte a que encuentres tu propósito mágico en tu vida y continúes tu camino de la manera que mejor complemente y se armonice con tu ser.

Gustavo, al ser el autor de este libro, aspira a hacer una diferencia significativa en tu vida y está disponible para apoyarte durante tu camino y está dispuesto a responder cualquier pregunta que puedas tener acerca de los temas inspiradores de VISIONBook.

Puedes contactar a Gustavo a través de su correo electrónico,

visionbooknow@gmail.com

o por servicio postal en:

Gustavo A. Valenzuela
VISIONBook
PO BOX 38100
Phoenix, Arizona 85069 USA

Si gustas hacer una donación a la organización de VISIONBook por favor visítanos en www.visionbooknow.com y dirígete a la sección "Hacer Donación" en la página principal. En nombre de todas las personas que se beneficiarán con tu amable donación, te agradecemos por creer en el movimiento VISIONBook.

www.ingramcontent.com/pod-product-compliance
Lightning Source LLC
Chambersburg PA
CBHW072354090426
42741CB00012B/3038